河北经贸大学学术著作出版基金资助

2023年财政部会计重点科研课题（课题编号：2022KJA02）

河北省高校百名优秀创新人才支持计划（Ⅲ）（编号：SLRC2019006）

风险管理视角下
行政事业单位内部控制研究

李西文 和丽芬 等著

西南财经大学出版社

中国·成都

图书在版编目(CIP)数据

风险管理视角下行政事业单位内部控制研究/李西文等著.—成都:西南财经大学出版社,2024.3
ISBN 978-7-5504-6097-3

Ⅰ.①风… Ⅱ.①李… Ⅲ.①行政事业单位—内部审计—研究—中国 Ⅳ.①F239.66

中国国家版本馆 CIP 数据核字(2024)第 024529 号

风险管理视角下行政事业单位内部控制研究
FENGXIAN GUANLI SHIJIAOXIA XINGZHENG SHIYE DANWEI NEIBU KONGZHI YANJIU

李西文　和丽芬　等著

策划编辑:刘佳庆
责任编辑:刘佳庆
责任校对:植　苗
封面设计:墨创文化
责任印制:朱曼丽

出版发行	西南财经大学出版社(四川省成都市光华村街55号)
网　　址	http://cbs.swufe.edu.cn
电子邮件	bookcj@swufe.edu.cn
邮政编码	610074
电　　话	028-87353785
照　　排	四川胜翔数码印务设计有限公司
印　　刷	郫县犀浦印刷厂
成品尺寸	170mm×240mm
印　　张	14.5
字　　数	402 千字
版　　次	2024 年 3 月第 1 版
印　　次	2024 年 3 月第 1 次印刷
书　　号	ISBN 978-7-5504-6097-3
定　　价	88.00 元

前言

　　加强行政事业单位内部控制建设是党中央推进依法治国的重要举措。行政事业单位面临多样化的内外环境，以风险管理为导向开展内部控制建设、构建风险导向型内部控制体系，能够提高自身的风险应对能力和运行效率，实现可持续发展。同时，行政事业单位内部控制作为政府风险管理活动的组成部分，也是加强权力运行制约、预防腐败和舞弊的重要手段。当前，财政部初步搭建了包括《行政事业单位内部控制规范（试行）》（财会〔2012〕21 号）、《财政部关于全面推进行政事业单位内部控制建设的指导意见》（财会〔2015〕24 号）、《行政事业单位内部控制报告管理制度（试行）》（财会〔2017〕1 号）等在内的行政事业单位内部控制制度体系。但从总体看，行政事业单位内部控制建设仍处于探索阶段，运行效果有待提升。在具体建设过程中，单位领导不重视、专业人才匮乏等问题导致很多行政事业单位内部控制建设工作效果不佳。因此，本书基于风险管理视角对行政事业单位内部控制的设计进行详细讲解，目的在于提高其运行效果。

　　本书主要内容包括：绪论、风险评估和控制方法、单位层面内部控制建设、业务层面内部控制建设、监督与评价、内部控制报告编制以及行政事业单位内部控制建设案例。各部分撰写分工如下：李西文负责整体框架构建和内容把关，和丽芬负责组织协调和各部分内容的具体把握,孙拥军负责对涉及内部控制实践的内容提出修改建议。同时,周欣怡参与了第一章撰写,郭思童、张泽青参与了第二章撰写,贾碧蓉、李晓倩参与了第三章撰写,张泽青、史雅慧、郭思童、李晓倩、贾碧蓉参与了第四章撰写,李团团参与了第五章、第六章撰写,张灿参与了第七章撰写。

内部控制是行政事业单位合理保证单位经济活动合法合规、资产安全和使用有效、财务信息真实完整,有效防范舞弊和预防腐败、提高公共服务效率和效果的必要手段。因此,组织单位开展内部控制建设、评价及报告,已成为各级财政部门的一项常规工作,行政事业单位内部控制建设的规章制度也逐渐规范且日益严格。为此,帮助行政事业单位有效整合现有相关制度,科学设计内部控制手册,确保内部控制落到实处,是本书写作的主要目的。

本书是作者团队长期工作经验的总结,受河北经贸大学学术著作出版基金资助。特别感谢河北经贸大学商学院张琨副教授、中共河北省委党校财务处薛增芹处长在本书撰写过程中提出的宝贵建议。此外,我们还参考了很多资料,在此向各位作者表示感谢。由于我们的水平有限,书中难免存在缺陷,望广大读者予以批评和指正。

本书写作团队

2023 年 10 月

目录

第一章　绪论

第一节　研究背景

为实现新时代目标任务，推进国家治理体系和治理能力提升，我国行政事业单位正日益加强内部控制建设，寻求优化职能机制、完善制度体系是增强风险抵御能力和提高管理水平的新途径和新手段。风险管理作为行政事业单位内部控制机制运行的有效前提，是风险预防、风险规避与风险治理的有机统一，是行政事业单位优化各领域管理的必要条件，风险管理机制的日臻完善将促使行政事业单位提升风险因素管控效率，提高内部控制建设水平。同时，持续深化风险管理视角下的内部控制机制改革能够进一步强化行政事业单位的权力运行体系，最大化发挥行政事业单位的政府职能和社会效用，进而增强其业务服务水平和社会公信力。

在风险管理视角下，我国立足于法治政府建设要求，围绕政府内部权力运行制约机制的建立健全，以党的十八届四中全会提出的"对财政资金分配使用、国有资产监管、政府投资、政府采购、公共资源转让、公共工程建设等权力集中的部门和岗位实行分事行权、分岗设权、分级授权，定期轮岗，强化内部流程控制，防止权力滥用"为标志，开始在全国范围内大力推动行政事业单位内部控制建设。2012 年起，财政部相继发布《行政事业单位内部控制规范（试行）》（财会〔2012〕21 号）、《关于全面推进行政事业单位内部控制建设的指导意见》（财会〔2015〕24 号）、《关于开展行政事业单位内部控制基础性评价工作的通知》（财会〔2016〕11 号），以及《行政事业单位内部控制报告管理制度（试行）》（财会〔2017〕1 号），分别明确了行政事业单位内部控制建设的主要依据、建设任务及考评要求，奠定了行政事业单位内部控制得以严格执行与精准优化的基础。2017年党的十九大报告提出各单位须"建立全面规范透明、标准科学、约束有力的预算制度，全面实施绩效管理"，围绕国家治理层面对行政事业单位内部控制建设提出了更高层次要求。因此，研究如何在风险管理视角下贯彻和完善行政事业单位内部控制，全方位、全过程、全覆盖实施全面化内部控制体系，最大化发挥内部控制制度优势，对于提升行政效率，实现国家治理目标具有重要意义。

第二节　研究目的与研究意义

一、研究目的

本书主要研究在风险管理视角下的行政事业单位内部控制，运用归纳演绎分析法和案例分析法，结合相关法规要求，分析行政事业单位内部控制建设现存缺陷，挖掘行政事业单位内部控制中的风险点，并提炼内部控制建设的关键环节、设计要点，提出风险防范措施，旨在规范行政事业单位内部控制的建立、完善、监督、评价以及内部控制报告的编制，提升行政事业单位内部控制建设水平，为优化行政事业单位内部控制管理提供经验。

二、研究意义

（一）理论意义

本书着力构建一个可执行、可操作，全方位、全过程业务范围覆盖的行政事业单位内部控制体系，依据财政部《行政事业单位内部控制规范（试行）》（财会〔2012〕21号）要求，结合当前我国行政事业单位内部控制实践现状，以委托代理理论、信息不对称理论和国家治理理论为基础，以风险评估为核心，以单位层面内部控制为依托，以业务层面内部控制为抓手，为提升行政事业单位内外部运行的规范性提供理论参考和实务指南。本书针对行政事业单位内部控制建设现存问题，就单位层面和业务层面内部控制的流程、制度、平台、机制等方面建设一套完整的内部管理体系，以此完善行政事业单位内部控制管理规范及整体框架，全方位提升行政事业单位内部控制管理水平，构建具备中国特色的行政事业单位内部控制框架体系。

（二）实践意义

一是强调"风险导向"以及基于风险导向开展的风险评估契合我国当前内部控制实践的总基调。本书采取细化岗位职责、增强监管力度、落实管理责任、完善风险预警等措施强化行政事业单位的风险事前控制，采用风险点挖掘、风险制度编制、风险流程设计和风险评估机制建立等手段提升行政事业单位的风险防范水平，确保行政事业单位内外部资源的合理利用，维持行政事业单位的稳定与协调发展。

二是提供行政事业单位内部控制框架体系的构建思路。本书通过对案例对象的内部控制目标、原则、建设流程、控制方法、控制体系、效果评价机制以及风险评估方法、风险控制方法，进行全面、系统的研究，为行政事业单位内部控制建设中存在的问题提供更为形象和直观的解决思路，提升本书结论的正确性和实践适用性，增强本书中观点的可拓展性和可探讨性。

三是有利于行政事业单位治理效能的提升。行政事业单位内部控制是政府实现依法治理和现代化治理的重要组成部分，本书结合相关理论基础与实践经验，对行政事业单位内部控制建设进行探讨与解析，研究优化行政事业单位治理机制的途径和方法，为行政事业单位提升治理能力和治理效能提供可操作性框架。

第三节 文献综述与理论基础

一、文献综述

（一）行政事业单位内部控制内涵

2012 年 11 月，财政部下发《行政事业单位内部控制规范（试行）》（财会〔2012〕21 号），界定内部控制是单位通过编制制度和执行程序来防范和应对经济活动风险、实现控制目标的过程。刘永泽和唐大鹏（2013）对其含义进行了基础解读，认为行政事业单位内部控制是由单位管理层引领，全体员工共同参与，通过制度编制、流程设计、程序执行等措施防范和管控经济活动风险的动态过程[1]。曲静（2021）从另一角度定义行政事业单位内部控制，认为行政事业单位内部控制是指在保障各资料信息安全可靠的前提下，行政事业单位为实现战略目标，提升管理质量采取的各种自我调整、约束、规划等一系列工作的统称[2]。赵扬（2022）则将行政事业单位内部控制定义为行政单位、公益性事业单位、社会团体及其他附属单位为实现控制目标，通过制度制定、措施执行和程序设计，对经济活动风险和权力运行风险进行防范和管控的过程[3]。

部分学者对行政事业单位内部控制、财政管理内部控制与政府内部控制间的区别与联系进行了深入研究。刘永泽和张亮（2012）对行政事业单位内部控制、财政管理内部控制与政府内部控制的从属关系进行研究，认为前两者的含义和业务范围相似，都聚焦于微观层次对象，而政府内部控制的角度和站位更加宏观，控制主体的涵盖、控制目标的实施、利益关注对象的范围更为广泛。因此，行政事业单位内部控制和财政管理内部控制从属于政府内部控制[4]。与上述观点不同，唐大鹏和任少波（2016）认为，财政管理内部控制作为政府内部控制的重要组成部分，介于行政事业单位内部控制与政府内部控制之间，能够通过财政资金的有效分配和使用衔接财政部门内部控制和预算单位内部控制[5]。

（二）行政事业单位内部控制目标

有学者认为行政事业单位内部控制目标应当辅助总体目标的实现。刘光忠（2010）提出，战略目标站位高远，位于治理层面，能够从全局的角度引领行政事业单位内部控制建设方向，优势较纠错防弊更为明显[6]。许新霞和何开刚（2021）认为，我国内部控制要素组成中的战略目标制定缺失可能导致总体战略统驭控制功能丧失、业务和职能战略辅助补充功能弱化等问题，确定现有内部控制目标能够积极引导企业实施科学有效的战略规划和风险管理[7]。

也有学者认为行政事业单位内部控制的首要目标应当为加强廉政建设、防范舞弊风险，而非发展战略。徐双（2020）认为，行政事业单位内部控制的基础内控目标是保障经济活动合法合规，这也是其他内部控制目标实现的前提，只有杜绝财务舞弊和腐败事件的发生，才能够进一步提升行政事业单位公众服务质量[8]。陈焕娣和段姝（2021）同样认为，树立完善的内部控制目标有利于行政事业单位更好地应对日常运营过程中的行政行为风险、社会公信力风险、贪腐风险和低效风险，从而实现决策、执行、监督三项权力的分离和制约，避免"以权谋私"，强化廉政建设，降低舞弊腐败事件发生的概率[9]。

（三）行政事业单位内部控制的作用

关振宇（2014）对行政事业单位内部控制的作用进行了全面细致的研究，认为强化行政事业单位内部控制有利于维持财经秩序，推进财税改革，排除风险隐患，堵塞安全漏洞，实现行政事业单位管理机制的精细化、规范化和系统化创新，进而提升公共服务质量和财政资金使用效率，打造廉洁高效、人民满意的服务型政府[10]。卢雪梅（2020）发现，构建完整、科学的内部控制体系能够解决行政事业单位内部控制执行中"流程设计不完善"和"内部监督不到位"问题，能够为单位业务部门日常工作的高效、有序开展提供制度保障[11]。凌华等（2021）认为，政府在会计改革背景下，提升行政事业单位内部控制建设水平有利于清晰展示出政府部门资产保值增值和成本费用等财务状况，实现资产核算合理化、资产信息规范化以及工作效益和资产安全数据直观化[12]。

彭湘萍（2018）以财会管理为切入，深入剖析行政事业单位内部控制的作用，指出行政事业单位完善内部控制财务管理机制构建有利于优化内部控制体系建设，保障财务信息真实性和项目资金使用规范性，避免国有资产流失[13]。增强行政事业单位内部控制管理能力，拓展财会职能有利于保障财务信息的真实有用性，助益新政策的深入解读和有效落实，推动政府会计制度深入落地（王康美，2023）[14]。

（四）行政事业单位内部控制要素

财政部等五部委于2008年发布《企业内部控制基本规范》，确定内部控制包括内部环境、风险评估、控制活动、信息与沟通、内部监督等要素。对此，刘永泽和张亮（2012）认为，由于公共服务性、公益性、非营利性等属性和特质，行政事业单位内部控制要素需在传统内部控制"五要素"基础上进行重构和解析[4]。唐晓玉（2013）认为，在COSO内部控制框架和美国联邦政府内部控制框架的影响下，我国行政事业单位应当以总体国情、公共服务特征和人民受托责任为导向，围绕单位组织架构、治理措施、业务开展、风险类型和内部监管等需求，构建属于我国行政事业单位的内部控制要素框架[15]。这一迹象说明我国的内部控制标准已开始采用国际通行的COSO报告观点，将内部控制视为一个可以合理保证组织战略目标实现的整体，将内部控制定义为全面内部控制（白华 等，2020）[16]。

具体而言，赵庆国和郭唱（2023）认为，控制环境主要由组织内部文化、治理架构与部门权力分配等因素构成，是其他要素的基础；控制活动是企业进行风险评估并确定解决策略后采取的相关措施；风险评估是企业根据查明的风险有针对性地制定合理的解决措施，有效管理风险的过程；信息与沟通是指企业按时准确地收集内部控制信息以保证高效的信息沟通；监督是对企业的内部控制质量进行评估，有效的监督工作可以及时发现内部控制中的不足并加以改进。同时，股权激励计划能够通过改善控制环境和信息沟通机制来提高内部控制质量[17]。任丽梅（2023）对于内部监督进行了更加深入的研究，认为内部监督要素是指行政事业单位内部控制得以有效实施的保障机制，贯穿单位经济活动中所有业务和环节。行政事业单位可以通过开展内部控制的监督、检查和评价来预防经济活动风险，及时堵塞漏洞，持续完善内部控制体系[18]。

（五）行政事业单位内部控制存在的问题

在内部控制要素方面，张秀（2020）认为，我国行政事业单位在制定内部控制活动时没有充分结合自身实际情况，尚未采取有效的内外部监督措施，其内部控制建设缺乏针对性、目的性和指向性[19]；由于缺乏准确的内部控制认知，我国行政事业单位内部控制建设不完备，内部控制优化激励力度不足，内部评价报告缺乏公开性（吴爱琴 等，2021）[20]。

在内部控制管理方面，王蕾（2014）认为，行政事业单位存在领导层内部控制意识不足，内部控制制度不健全，预算控制乏力，内部审计机制不完善以及内部监督力度不足等问题[21]。尹晓琴（2018）认为，行政事业单位内部控制存在制度适用性较差、内部控制人才素质参差不齐以及内部控制信息化水平较低等问题[22]。除上述问题外，赵天一等（2022）还指出行政事业单位内部控制存在岗位职责权限不够明确、业务流程与相应表单不够落地，以及信息化应用程度不足等问题[23]。

总而言之，我国行政事业单位的内部控制制度主要存在内控观念陈旧、内控模式落后、内控制度不完善、管理目标不明确、内控水平不够高、内部监督力度不足等问题（华敏，2019）[24]；内部控制现状可用"流程有待更新、模式有待创新、目标有待明确、认知有待提升"来概括（李英 等，2021）[25]。

（六）行政事业单位内部控制与风险管理

对于行政事业单位来说，成功识别、分析和应对包括腐败等各种风险的能力是衡量其管理水平的重要标志。基于风险导向的行政事业单位的内部控制建设可以在一定程度上弥补传统内部控制的弊端，更有利于贪腐风险的深度防范（唐大鹏 等，2013）[26]。蔡琼（2023）对内部控制和风险管理的关系进行了深度梳理后发现，内部控制和风险管理组成要素相同，都是受目标驱动的动态过程。风险管理是内部控制的主要内容，内部控制有效实施是保障风险管理的有力支撑[27]。

在财务风险管理方面，李加兵等（2012）认为，优化财务风险管理能够有效识别、评价和防范行政事业单位预算执行中存在的各种风险，帮助行政事业单位完成预期绩效并免受预算资金损失[28]。在债务风险管理方面，雷增弟（2015）认为，增强债务风险管理有助于加强行政事业单位内部控制制度建设，对于防范债务风险、强化财务管理、确保资金安全具有重要的现实意义[29]。在廉政风险管理方面，丁玉珍和贾永昌（2021）认为，在领导层带领下，行政事业单位内部控制建设水平的提升能够成为完善行政事业单位廉政风险防控机制的有效途径，在此过程中，需要确保其内部控制流程完善和制度落实到位，风险评估机制不断健全[30]。

二、理论基础

（一）委托代理理论与行政事业单位内部控制

委托代理理论是指委托方根据双方达成的契约，在雇佣受托方提供相关服务的同时授予受托方一定的权力，并根据受托方履行契约的数量和质量向其支付相应薪金报酬的行为关系。行政事业单位是行政单位与事业单位的统称，指党领导下的各级人民代表大会委托履行行政管理职能和监督职能的部门，拥有一定权限内的决策权力，与纳税人、各级财政部门、各级主管部门和政府机关部门间呈现更为复杂的委托代理关系，具体包括公共事务管理权委托、理财职能委托、政府采购委托等。为减少与其他机构形成多层委托代理关系所导致的冲突和矛盾，更好地增进公共利益，行政事业单位应当建立有效的内部控制体系，加强内部监管力度，规范内部控制管理，从源头上降低行政事业单位个别腐败分子伤害人民群众利益的可能性。

（二）信息不对称理论与行政事业单位内部控制

信息不对称理论是指在经济和管理活动中，部分参与者相较于其他参与者拥有更多的信息，可以凭借信息优势优先获利，从而导致参与双方地位的不对等。信息不对称现象产生的原因主要包括参与者获得信息时间、渠道、来源的不同，部分参与者获得信息时间较早，其他参与者获得信息时间较晚，或是部分参与者获得信息的来源较为可靠，其他参与者获得信息的来源较为杂乱，均可导致不同参与者在同一时点上对信息的掌握情况不同。此外，不同参与者获取信息的能力不同，在信息披露机制不完善的场所更甚，部分参与者可能掌握比其他参与者更多的内幕信息。处于信息优势的参与者往往能够进行更加正确的决策，而处于信息劣势的参与者决策的正确性无法得到有效保障，容易蒙受更多损失。

信息不对称理论与委托代理理论的联系十分紧密，委托代理双方产生的矛盾使得信息不对称所导致的恶劣影响更加突出。相对于社会公众，行政事业单位各级管理者可能掌握更多的内部信息，不利于我国经济社会管理实现公开透明，内部控制体系的建立能够提高行政事业单位信息质量，促进各方信息的传递和共享，保障人民的知情权和监督权，解决信息不对称所导致的行政事业单位管理不规范、经济社会发展不均衡等问题。

（三）国家治理理论与行政事业单位内部控制

国家治理体系是党领导人民管理国家的制度体系，包括经济、政治、文化、社会、生态文明和党的建设等领域的体制、机制和法律法规安排。完善的国家治理体系是现代社会发展的内在要求，是行政、决策、司法、预算、监督等领域实现突破性发展的前提条件，是完善市场经济、发展民主政治、推行先进文化、创建和谐社会和保护生态文明的制度保障。我国目前已设立纪检监察部门和国家审计体系，具备实现国家治理现代化的重要保障。

国家治理要求行政事业单位以内部控制为抓手，通过规范权力运行、增强风险防范、优化经营管理、升级会计职能推动服务型政府和民主社会的建设进程。内部控制作为组成全面管理体系中的一个重要组成部分，能够制约和平衡各个政府部门和行政事业单位之间的关系，内部控制体系的建设与实施有利于各行政事业单位在充分履行自身职能，为社会提供高效服务的前提下压缩成本、减少资金滥用、打压内部腐败、强化国家治理。行政事业单位内部控制建设中所讲述的"控制"的含义是中性的，意思为加强内部管理、提升管理效率，其目的不是针对单位大小事务"眉毛胡子一把抓"，也不仅仅局限于反腐倡廉这一最基本的要求，而是分清轻重缓急，有条不紊地梳理和规范行政事业单位的制度和流程，统筹兼顾地开展各领域业务，落实各岗位职责。依据委托代理理论，行政事业单位内部控制建设的首要目标是达成部门战略规划以完成人民群众对于公共事务管理的委托，为更好地实现这一目标，行政事业单位应自发提升内部管理效率，提高财务报告编报质量，保障国有资产的安全完整和保值增值。

第四节　研究内容与方法

一、研究内容

本书共七章。

第一章：绪论。介绍本书的研究背景、研究目的与研究意义，文献综述与理论基础，研究方法、研究内容以及研究框架。

第二章：风险评估和控制方法。主要涵盖行政事业单位内部控制的风险评估环节和相关内部控制方法介绍。

第三章：单位层面内部控制建设。主要包括组织架构建设、决策议事机制建设、关键岗位管理、关键人员管理、会计系统建设、信息系统建设六个单位层面内部控制的主要内容。

第四章：业务层面内部控制建设。主要涵盖行政事业单位六大业务层面的内部控制建设。具体包括行政事业单位预算业务内部控制、收支业务内部控制、政府采购业务内部控制、资产业务内部控制、建设项目业务内部控制和合同业务内部控制。

第五章：监督与评价。包括行政事业单位内部控制的内部监督、外部监督、自我评价、评价问题及原因分析、解决对策。

第六章：内部控制报告编制。包括行政事业单位内部控制报告编制的法律依据、行政事业单位内部控制报告的编写要求及注意事项、行政事业单位内部控制报告编制常见问题及对策。

第七章：行政事业单位内部控制建设案例。以河北 XZ 学院为例，介绍河北 XZ 学院的主要概况以及内部控制建设思路、建设体系和建设成果。本书的研究框架见图 1-1。

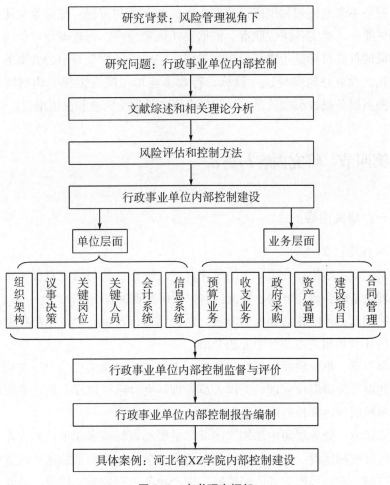

图 1-1　本书研究框架

二、研究方法

（一）归纳演绎分析法

本书采用归纳演绎分析法，就当前行政事业单位内部控制领域的文献研究进行梳理、归纳、总结和分析，研究行政事业单位内部控制的概念、目标、作用要素和现存缺陷，为后续研究奠定坚实的理论基础。

（二）案例分析法

本书采用案例分析法，通过对河北 XZ 学院进行案例分析，探究行政事业单位内部控制建设的方法和思路，为加强行政事业单位内部控制操作适用性提供一定的完善措施和建议。

第二章　风险评估和控制方法

第一节　行政事业单位风险评估

一、风险评估概述

（一）概念界定

风险通常是指潜在事项的发生对目标实现产生的影响。简单说就是目标不能实现的可能性，产生损失的可能性。一旦目标受到不利影响，就会产生风险。

例如，单位设定的目标是资产安全高效使用，如果岗位设置存在舞弊，就会产生风险。再如单位存在发生收受贿赂等事件的可能，即背离有效防范舞弊和预防腐败的目标，就会产生风险。

风险有三个构成要素：风险因素、风险事件和损失。风险因素是指促使或引起风险事故发生的条件，以及风险事故发生时，致使损失增加、扩大的条件。风险事故又称风险事件，是指引起损失的直接或外在原因。它是使风险造成损失的可能性转化为现实性的媒介，即风险通过风险事故的发生导致损失。损失是指非故意、非计划、非预期的经济价值减少的实事，其包含两个要素：一是经济价值减少，强调能以货币衡量；二是非故意、非计划、非预期。损失又可以分成直接损失和间接损失两种形式。风险因素、风险事故、损失三者之间的关系是：风险因素引起风险事故，风险事故进而导致损失。

（二）风险评估的法规要求

有关风险评估的法规要求，见财政部 2012 年发布的《行政事业单位内部控制规范（试行）》（财会〔2012〕21 号）规定：

"第八条 单位应当建立经济活动风险定期评估机制，对经济活动存在的风险进行全面、系统和客观评估。

经济活动风险评估至少每年进行一次；外部环境、经济活动或管理要求等发生重大变化的，应及时对经济活动风险进行重估。

第九条 单位开展经济活动风险评估应当成立风险评估工作小组，单位领导担任组长。

经济活动风险评估结果应当形成书面报告并及时提交单位领导班子，作为完善内部控制的依据。

第十条 单位进行单位层面的风险评估时，应当重点关注以下方面：

（一）内部控制工作的组织情况。包括是否确定内部控制职能部门或牵头部门（可以单独设置或者明确会计、内审或纪检部门作为牵头部门，但是这些部门主要对本部门业务控制负责）；是否建立单位各部门在内部控制中的沟通协调和联动机制。

（二）内部控制机制的建设情况。风险评估重点关注包括经济活动的决策、执行、监督是否实现有效分离；权责是否对等；是否建立健全议事决策机制、岗位责任制、内部监督等机制。

（三）内部管理制度的完善情况。风险评估重点是内部管理制度是否健全；执行是否有效两方面。

（四）内部控制关键岗位工作人员的管理情况。包括是否建立工作人员的培训、评价、轮岗等机制；工作人员是否具备相应的资格和能力。

（五）财务信息的编报情况。包括是否按照国家统一的会计制度对经济业务事项进行账务处理；是否按照国家统一的会计制度编制财务会计报告。

（六）其他情况。

第十一条 单位进行经济活动业务层面的风险评估时，应当重点关注以下方面：

（一）预算管理情况。包括在预算编制过程中单位内部各部门间沟通协调是否充分，预算编制与资产配置是否相结合、与具体工作是否相对应；是否按照批复的额度和开支范围执行预算，进度是否合理，是否存在无预算、超预算支出等问题；决算编报是否真实、完整、准确、及时。

（二）收支管理情况。包括收入是否实现归口管理，是否按照规定及时向财会部门提供收入的有关凭据，是否按照规定保管和使用印章和票据等；发生支出事项时是否按照规定审核各类凭据的真实性、合法性，是否存在使用虚假票据套取资金的情形。

（三）政府采购管理情况。包括是否按照预算和计划组织政府采购业务；是否按照规定组织政府采购活动和执行验收程序；是否按照规定保存政府采购业务相关档案。

（四）资产管理情况。包括是否实现资产归口管理并明确使用责任；是否定期对资产进行清查盘点，对账实不符的情况及时进行处理；是否按照规定处置资产。

（五）建设项目管理情况。包括是否按照概算投资；是否严格履行审核审批程序；是否建立有效的招投标控制机制；是否存在截留、挤占、挪用、套取建设项目资金的情形；是否按照规定保存建设项目相关档案并及时办理移交手续。

（六）合同管理情况。包括是否实现合同归口管理；是否明确应签订合同的经济活动范围和条件；是否有效监控合同履行情况，是否建立合同纠纷协调机制。

（七）其他情况。"

（三）风险评估的作用

行政事业单位内部控制的目标包括：①合法性——经济活动的合法合规；②安全性——资产的安全完整和有效；③可靠性——财务信息的真实和完整；④效率性——公共服务的效率和效果；⑤风险防范——防范舞弊和预防腐败。

风险评估是有效设计内部控制制度、实现控制目标的首要环节。这些目标得以实现需要健全的内部控制制度作为保证。为针对性设计内部控制制度，首先要了解单位面临的是哪种风险以及这种风险水平的高低，有哪些经济活动存在关键风险点，才能具体提出应对策略和具体措施。

二、风险评估的方法及流程

（一）方法

1. 定性分析方法

定性分析方法是目前采用最为广泛的一种方法，它带有很强的主观性，往往需要凭借分析者的经验和直觉，或者业界的标准和惯例，为风险管理诸要素（资产价值、威胁的可能性、弱点被利用的容易度、现有控制措施的效力等）的大小或高低程度定性分级，例如，"高""中""低"三级。

定性分析方法包括集体讨论（例如 Delphi 方法）、检查列表（checklist）、问卷调查（questionnaire）、人员访谈（interview）等，最常见的是风险评估系图法。

2. 定量分析方法

对构成风险的各个要素和潜在损失的水平赋予数值或货币金额，从而量化风险分析的结果。定量分析方法试图从数字上对安全风险进行分析评估。常用的定量分析方法包括情景分析法、敏感性分析法、VaR、压力测试等。

3. 两种方法比较

定性分析操作容易，但主观性强，结果易失准；定量分析很直观，容易理解，但需大量数据支持。行政事业单位可以根据具体的情况来选择定性或定量的分析方法。

（二）流程

风险评估程序的 4 个步骤：目标设定、风险识别、风险分析和风险应对。

1. 目标设定

目标设定是指单位采取恰当的程序去设定控制对象的控制目标，确认所选定的目标支持和切合单位的职责使命。

注意：业务目标与整体目标一致但各有侧重。

2. 风险识别

风险识别是对行政事业单位面临的各种不确定因素进行梳理、汇总，形成风险点清单。

风险识别一般需要做到两点：①结合《行政事业单位内部控制规范（试行）》所列示的风险，审核要求、内审报告、提案改善、质量事故等初始资料。②从风险发生的可能性和影响程度两方面，对子流程中涉及的每个风险点进行综合分析，识别其固有风险。

3. 风险分析

风险分析是在风险识别的基础之上，通过定量与定性相结合的方式，对风险出现的可能性以及对单位目标实现的影响进行深入分析，从而为单位制定风险应对策略、选择应对措施提供基础。

（1）根据识别的风险，评价其影响，确认其风险等级，形成风险清单；

（2）根据风险等级，识别流程中的关键业务节点（风险点），并在流程图中进行顺序编号；

（3）编制流程描述、风险控制矩阵等内部控制文档，对业务活动和节点进行记录描述。

例如：

①行政事业单位可以将风险发生的可能性和风险影响程度分为三个等级，如表2-1、表2-2所示：

表2-1 风险发生的可能性评级

发生可能性	标准/定义
低	即使不采取措施，风险也几乎不带来损失
中	不采取措施，风险就会造成损失
高	不采取措施，风险很容易造成损失

表2-2 风险影响程度评级

影响程度	标准/定义
低	不采取措施，风险损失不对关键指标造成影响
中	不采取措施，风险损失对关键指标造成影响
高	不采取措施，风险损失对资源造成巨大浪费

②对风险发生的可能性评估标准也可以进一步细分，如表2-3所示：

表2-3 风险发生的可能性评估标准

评估方法	评估标准	极低	低	中等	高	极高
定性方法	针对日常运营中可能发生的潜在风险	一般情况下不会发生	极少情况下才发生	某些情况下发生	较多情况下发生	常常会发生
	重大突发事件风险（结合定量）	今后10年内发生的可能少于1次	今后5~10年内可能发生1次	今后2~5年内可能发生1次	今后1~2年内可能发生1次	今后1年内可能发生1次

表2-3(续)

评估方法	评估标准	极低	低	中等	高	极高
定量方法	适用于可以通过历史数据统计出一定时期内风险发生概率的风险	发生概率为10%以下	发生概率为10%~30%	发生概率为30%~70%	发生概率为70%~90%	发生概率为90%以上

③对风险影响程度评估标准也可以进一步细分，如表2-4所示：

表2-4　风险影响程度评估标准

评估方法	评估标准	不重要	次要	中等	主要	重大
定量方法	财务损失金额	轻微的财务损失，小于2 000元	较低的财务损失，损失在2 000元到1万元	中等的财务损失，损失在1万元至3万元	重大的财务损失，损失在3万元至10万元	极大的财务损失，大于10万元
定性方法	业务控制	对单位的控制目标有轻微影响，情况立刻得到控制	对单位的控制目标有轻度影响，情况经过内部管理后得到控制	对单位的控制目标有中度影响，需要外部支持才能得到控制情况	对单位的控制目标有严重影响，情况失控，但对单位无致命影响	对单位的控制目标有重大影响，情况失控，给单位带来致命影响
	合法合规性	可能存在轻微的违反法规的问题	违反法规，伴随着少量的罚款或诉讼的损失	违反法规，导致监管部门、司法机构的调查或诉讼，伴随着一定的罚款或诉讼的损失	严重违反法规，导致监管部门、司法机构的调查和重大诉讼；伴随着较大的罚款或诉讼的损失	严重违反法规，导致监管部门、司法机构的调查和重大诉讼、行政、经济处罚，或非常严重的集体诉讼

4. 风险应对

风险应对指的是以风险分析为基础，针对单位所面临的风险，提出各种风险解决方案，并与风险承受度相结合，对风险与收益进行权衡，通过分析、论证和评价，从中选择最优方案，并加以实施的过程。

具体包括：

（1）风险规避是单位对超过可承受范围的风险，放弃或者停止与该风险相关的业务活动，以避免和减轻损失的策略；

（2）风险降低是指在衡量成本和收益后，各单位准备采取相应的控制措施来减少风险或减少损失，从而将风险限制在其可接受范围内的策略；

（3）风险分担是指单位通过业务分包、购买保险等手段，采取相应的控制手段，将风险降低到可接受范围内的策略；

（4）风险承受是指单位在其承受范围内，并且在权衡成本效益之后，并不打算采取相应的控制措施来减少风险或减少损失的策略。

5. 风险清单

通过风险评估，可以形成风险清单。

例如，某单位各项控制活动的风险清单，如表2-5所示：

表2-5　各项控制活动的风险清单

风险名称	风险具体内容
议事决策机制风险	决策程序设置不当，或者决策程序控制不严
	决策事项不经集体研究讨论
	决策机构职责权限不明确或决策审批权限设置不当
关键岗位管理风险	关键岗位不明确
	关键岗位职责不明确
	不相容岗位未进行分离
内部控制评价风险	内部控制评价结果不科学
内部监督管理风险	监督机构缺乏独立性
	监督执行主体不尽职
预算管理风险	预算编制不准确
	内部预算指标分解批复不合理
	预算执行未有效监控的
	预算项目绩效目标未能实现
	决算编制不准确，难以反映预算执行情况

表2-5(续)

风险名称	风险具体内容
收支管理风险	上级财政资金不及时到位
	资金舞弊
	资金支出不规范
	重大开支不经集体研究
	报销票据不合规
	虚开发票,伪造、变造原始凭证
	财务职责混乱
政府采购管理风险	供应商选择不合理
	物资不及时登记
	金额较大的采购计划不进行集体决策
	政府采购各岗位未形成有效制约
	未按规定履行政府采购
	通过拆项规避政府采购程序
	采购验收不合规
资产管理风险	支票开具不合规,导致货币资金不能有效管理
	添置、更新、处置资产设备不合理
	资产闲置未有效使用
	资料审查不严
	用车不合理
	资产未按规定验收、转移、登记等
建设项目管理风险	建设项目立项不合理
	建设项目概预算编制审核不严格
	施工过程中材料以次充好,无法识别
	招标过程中围标、串标,泄露招标信息
	工程进度与质量未能合理控制
合同管理风险	合同文本中存在不当内容
	合同签订、补充审批不严格
	合同执行缺少后续监督
	合同纠纷处理不当
	票据印章管理不合规

这些控制活动的风险清单是某单位做内控设计时的样本，对其他行政事业单位具有一定的借鉴意义。

三、风险评估的组织

（一）成立风险评估工作小组

要求单位领导担任组长；内控职能部门或牵头部门负责人担任副组长，其中牵头部门一般是财会部门；各部门负责人为参与成员。

（二）开展风险评估工作

风险评估工作至少每年进行一次；外部环境、经济活动或管理要求等发生重大变化时，单位应及时重估风险。

（三）撰写风险评估报告

单位应当按照评价结果并结合实际情况，编制风险评估报告，并向单位领导汇报，以此为基础，进一步完善单位内部控制。

（四）提出完善风险评估工作建议

风险评估的作用并非只有工作本身，更重要的是通过定期风险评估与实际发生风险的比较，找出风险评估过程的不足，及时改进内部控制工作。

四、风险评估发现的主要风险及原因

（一）主要风险（如图 2-1 所示）

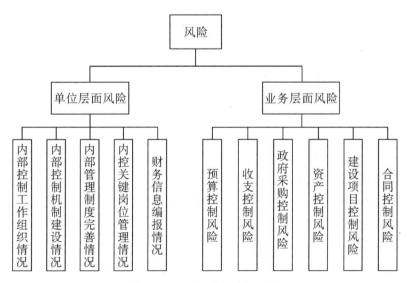

图 2-1 风险评估的主要风险

注意：每个行政事业单位面临的风险都会因制度的完善性、工作的性质、领导的管理风格等不同而异，因此要具体风险具体分析，不能一概而论。无论是自行设计，还是外聘机构设计，切忌走形式、搬套路。

（二）造成某行政事业单位经济活动风险的主要原因

（1）国家法律法规尚不完善；

（2）内部管理制度不健全；

（3）内部制衡机制缺失；

（4）关键岗位职责不清；

（5）管理中存在其他漏洞或隐患。

第二节　行政事业单位内部控制方法

一、内部控制方法概述

控制方法是开展控制活动的必要手段。控制活动是指有助于确保管理者的指令得以执行，合理地保证管理服务目标的实现、管理和化解风险而采取的政策和程序。

内部控制的控制方法，简单说，是用于控制的所有方法、手段、措施、程序等。具体说，就是行政事业单位依据内部控制的法规要求和风险评估的风险点，将单位的经济活动风险控制在可承受的范围之内的一系列措施和程序。

二、八种控制方法的具体分析

（一）授权审批控制

1. 授权审批控制基本要求

根据财政部2012年发布的《行政事业单位内部控制规范（试行）》（财会〔2012〕21号）第十二条规定：

"明确各岗位办理业务和事项的权限范围、审批程序和相关责任，建立重大事项集体决策和会签制度。相关工作人员应当在授权范围内行使职权、办理业务。"

授权审批控制是指行政事业单位根据常规授权和特别授权的规定，明确各岗位办理业务和事项的权限范围、审批程序和相应责任。有效的内部控制要求每一笔经济业务都经过适当授权。工作人员应当在授权范围内行使职权、办理业务。

常规授权是指授予各个部门、各个职位在日常管理活动中按照既定的职责和程序处理正常范围内经济业务的权限。

特别授权是指授予各个部门、各个职位在特殊情况、特定条件下，处理超出正常范围的经济业务或者特殊经济业务的权限。

2. 授权审批原则

授权原则：一是授权依据——依事不依人；二是授权界限——不越权授权；三是授权尺度——适度授权；四是授权保障——内部、外部监督。

审批原则：一是审批要有界限——不可越权审批；二是审批要有依据——不得随意审批。

实行授权审批控制，应当避免出现以下问题：一是监督权力被"软化"；二是公共财物被"私化"；三是财务等重要岗位的负责人被"亲信化"；四是财会等重要部门的信息被"概括化"。

3. 注意事项

授权应当区别不同情况分层次授权。根据经济活动的重要性水平和金额大小确定不同的授权批准层次，有利于保证单位人员有权有责。

授权批准应当在层次上考虑连续性，要将可能发生的情况全面纳入授权批准体系，避免出现真空地带。当然，应当根据具体情况的变化，不断对有关制度进行修正。

每类经济业务都会有一系列内部相互联系的流转程序。行政事业单位根据自身实际情况建立适用于自身经济业务的审批程序，既能避免出现越级审批和违规审批的情况，也能提高工作效率。例如，政府采购业务，应当依据领导审批后的采购单或者合同进行采购，采购的内容必须经过验收后办理有关手续。

（二）不相容岗位相互分离

根据财政部 2012 年发布的《行政事业单位内部控制规范（试行）》（财会〔2012〕21 号）第十二条规定：

"合理设置内部控制关键岗位，明确划分职责权限，实施相应的分离措施，形成相互制约、相互监督的工作机制。"

不相容职务是指经济业务的授权、批准、执行和记录等完全由一人或一个部门办理时，发生弄虚作假或易于掩盖舞弊、腐败行为概率增大的两项或两项以上的职务。一项完整的经济业务，通过对其进行监督和核查，发生舞弊的概率会大大降低。

不相容职务相互分离，就是通过岗位责任制或任务书等方式将不相容岗位相互分离，达到内部控制目标的一种控制方法。不相容岗位相互分离作为内部控制体系中一种最基本的控制手段，体现了相互制衡的基本原则，其核心是内部牵制。

一般情况下，以下几类职务属于不相容职务：授权与执行、执行与审核、执行与记录、保管与记录、保管与清查。计算机信息系统（CIS）部门内，系统分析、程序设计、电脑操作和数据控制应相分离；财会部门内，记录总账与明细账职务应相分离、财产保管与财产核对职务应相分离、会计与出纳应相分离。

不相容职务分离的核心是"内部牵制"，行政事业单位在设计、建立内部控制制度时，首先应确定哪些岗位和职务是不相容的；其次要明确规定各个部门和岗位的职责权限，使不相容岗位和职务之间能够相互监督、相互制约，形成有效的制衡机制。

（三）归口管理

根据财政部 2012 年发布的《行政事业单位内部控制规范（试行）》（财会〔2012〕21 号）第十二条规定：

"根据本单位实际情况，按照权责对等的原则，采取成立联合工作小组并确定牵头部门或牵头人员等方式，对有关经济活动实行统一管理。"

行政事业单位应根据自身实际情况，按照权责对等的原则，建立健全内部控制关键岗位责任制，明确职责分工；采取成立联合工作小组并确定牵头部门或牵头人员等方式，对有关经济活动实行统一管理。

（四）预算控制

根据财政部 2012 年发布的《行政事业单位内部控制规范（试行）》（财会〔2012〕21 号）第十二条规定：

"强化对经济活动的预算约束，使预算管理贯穿于单位经济活动的全过程。"

行政事业单位应建立健全以预算管理为主线、资金管控为核心的预算管理体系，加强对预算编制、预算调整、预算执行、决算与绩效评价各环节的管理，强化对经济活动的预算约束，实现对经济活动风险的控制。

预算控制内容涵盖行政事业单位经济活动的全过程，行政事业单位通过检查预算编制和预算执行情况，可以比较、分析内部各部门未完成预算或超预算的原因，并对未完成预算的不良后果采取改进措施，确保各项预算严格执行。

在实际工作中，预算编制不论采用自上而下或自下而上的方法，决策权都应落实于单位领导班子，由其进行决策、指挥和协调。预算的执行由各业务部门组织实施，辅之以对等的权、责、利关系，并由内部审计部门负责监督预算的执行情况。

具体来看，一般要求做到：

（1）扩大预算范围，力争将单位财务收支事项全部纳入预算，实行统一核算，统一管理。

（2）明确各预算指标的支出内容，按照相关支出标准执行。

（3）规范预算追加和调整程序。

（4）将预算管理与单位内部责任相结合，将组织收入、控制支出的权力与责任落实到岗位及具体人员，各司其职、各负其责。

（5）将财产保护控制与预算控制衔接起来。

（五）财产保护控制

根据财政部 2012 年发布的《行政事业单位内部控制规范（试行）》（财会〔2012〕21 号）第十二条规定：

"建立资产日常管理制度和定期清查机制，采取资产记录、实物保管、定期盘点、账实核对等措施，确保资产安全完整。"

行政事业单位财产保护措施主要有两个方面：

（1）对资产和记录实施授权控制，未经授权不得接触和使用。

（2）对资产和记录实施实物防护。

具体来看，财产保护控制的措施应该包括以下 6 项：

（1）财产档案的建立和保管。

（2）限制接近。限制接近不仅包括限制对资产本身的接触，也包括通过文件批准方式对资产使用或分配的间接接触。

（3）盘点清查。行政事业单位应该定期或不定期地对固定资产进行实物盘点，对银行存款、库存现金进行清查核对，将盘点清查的结果与会计记录进行比较核查，并进行差异处理。

（4）财产保险。行政事业单位应对实物资产购买财产保险，降低自然灾害或意外事故造成的损失。

（5）明确流程。明确规定实物资产的领用、维修、保养、出售以及报废流程，确保资产管理有章可循。

（6）接近控制。严格限制无关人员对资产的接触，只有经过授权批准的人员才能接触资产。一般情况下，必须限制无关人员直接接触货币资金、有价证券、存货等变现能力强的资产。

（六）会计控制

根据财政部 2012 年发布的《行政事业单位内部控制规范（试行）》（财会〔2012〕21 号）第十二条规定：

"建立健全本单位财会管理制度，加强会计机构建设，提高会计人员业务水平，强化会计人员岗位责任制，规范会计基础工作，加强会计档案管理，明确会计凭证、会计账簿和财务会计报告处理程序。"

会计作为一个控制信息系统，能够向单位领导提供经济业务活动的诸多信息，是重要的内部控制方法。行政事业单位会计控制主要通过对会计主体所发生的各项能用货币计量的经济业务进行记录、归集、分类、编报等。

其内容主要包括：

（1）对会计工作岗位设计合理的分工，能够起到相互制约、相互监督的作用。

（2）单位财会部门应建立独立稽核控制制度。独立稽核是指对已记录的经济交易事项及其计价由具体经办人之外的独立人士进行核对或验证。独立稽核是控制记录使其正确可靠，以免发生差错和舞弊的一项重要控制程序，应用面广泛。

（3）按规定取得和填制原始凭证。

（4）设计合理的凭证格式。

（5）对凭证进行编号。

（6）设计合理的凭证传递流程。

（7）明确凭证装订和保管的手续责任。

（8）按规定设置会计账户并进行复式记账。

（9）按照《中华人民共和国会计法》和国家统一的会计制度要求编制、报送、保管财务会计报告。

（七）单据控制

根据财政部 2012 年发布的《行政事业单位内部控制规范（试行）》

（财会〔2012〕21号）第十二条规定：

"要求单位根据国家有关规定和单位的经济活动业务流程，在内部管理制度中明确界定各项经济活动所涉及的表单和票据，要求相关工作人员按照规定填制、审核、归档、保管单据。"

单据控制是明确经济行为内部表单和外部来源的报销凭证的控制方式，包括表单控制和票据控制。单据控制要求行政事业单位按照国家法律规定，结合单位自身实际情况，明确界定各项经济业务活动内容及流转过程中涉及的表单与票据，使其合法合规、信息真实完整。

例如，增值税发票要素是否齐全、是否与纳税规模相符；差旅费报销申请单是否在合理范围内且有正规审批手续，住宿等发票应注明入住/离开时间、标准和人数等。

（八）信息内部公开

根据财政部2012年发布的《行政事业单位内部控制规范（试行）》（财会〔2012〕21号）第十二条规定：

"建立健全经济活动相关信息内部公开制度，根据国家有关规定和单位的实际情况，确定信息内部公开的内容、范围、方式和程序。"

信息内部公开应注意两个方面：一是实现内部控制手段的电子信息化，尽可能地减少和消除人为操纵的因素，由人工管理、人工控制改为计算机、网络管理和控制；二是对电子信息系统的控制，既要加强对系统开发、维护人员的控制，还要加强对数据和文字输入、输出、保存等有关人员的控制，保障电子信息系统及网络的安全。

信息公开是增加行政事业单位管理透明性的重要环节。例如，北京市财政局印发《关于推进行政事业单位内部财务信息公开工作的实施意见》（京财会〔2014〕2723号），加快推进政府财务信息披露机制建设。但鉴于涉及保密原则，内部控制至少应做到信息在单位内部公开。

综上所述，在行政事业单位内部控制建设过程中，风险评估是首要环节，是建立健全内部控制的关键点。只有找到风险所在，才可能针对性地解决问题。降低行政事业单位风险，需要科学选择控制方法。上述八种控制方法在实际运用时并非相互独立的，也没有固定模式，需要结合单位实情和控制理论的思想，系统设计和选择适当的内部控制方法。

第三章　单位层面内部控制建设

从目前内部控制实践看，凡是内部控制建立和实施情况良好、成效明显的单位，一般具有如下特点：一是相关负责人对内部控制较为关注，对有关部门开展内控工作给予大力支持；二是组织机构和人员队伍健全，岗位职责明确，形成工作合力；三是制度建设完备，议事决策机制和岗位责任制等制衡机制完善，注重构建一系列相互配合、相互支撑的制度体系；四是善于总结经验，开拓创新，利用信息化手段提升管控效能。这些单位都有良好的内部控制环境，为业务层面内部控制的建立和执行提供保障。所以推进行政事业单位的内部控制建设，不仅要从经济活动的业务流程入手，加强业务层面的管控，也要重视业务层面内部控制所依存的内部环境，加强单位层面内部控制建设，做到单位层面和业务层面的内部控制并重。

单位层面内部控制为业务层面内部控制提供环境基础。单位层面内部控制主要涉及组织架构建设、决策议事机制、岗位责任管理、岗位人员管理、会计系统和信息系统建设。

第一节　组织架构建设

根据财政部 2012 年发布的《行政事业单位内部控制规范（试行）》（财会〔2012〕21 号）第十三条规定：

"单位应当单独设置内部控制职能部门或者确定内部控制牵头部门，负责组织协调内部控制工作。同时，应当充分发挥财会、内部审计、纪检监察、政府采购、基建、资产管理等部门或岗位在内部控制中的作用。"

行政事业单位内部控制具有全面性的特点，即内部控制贯穿单位经济活动的决策、执行和监督全过程，基本涵盖单位全部业务和事项，对单位内部经济活动管控，任何部门或个人不能游离于单位内部控制体系之外。行政事业单位的各项经济活动各有特点，同时相互联系、相互影响、相互制约。例如，政府采购业务可能涉及预算、合同、采购、资金支付等环节，涉及资产管理、会计、采购、法律等各个岗位。所以，要管好单位的经济活动，必须站在单位全局的角度，将各项经济活动纳入统一的管控体系中。

一、单独设置内部控制职能部门或者确定牵头部门

按规范要求，单位应当明确内部控制牵头部门，组织协调内部控制工作有序进行。行政事业单位内部控制体系建设涵盖单位经济活动各方面事项，是一项复杂、系统的工程。单独设置职能部门能够对内部控制的建设与执行工作提供保障。

内部控制职能部门和牵头部门主要做好以下工作：
（1）提出单位内部控制建设计划；
（2）负责组织协调单位内部控制日常工作；
（3）组织协调单位内部重大风险评估工作；
（4）组织协调各岗位落实内部控制工作计划；
（5）组织协调单位内部控制的其他有关工作。

二、积极发挥经济活动相关部门或岗位的职能作用

行政事业单位的经济活动主要包括预算业务、收支业务、政府采购业务、资产管理、建设项目管理和合同管理。内部控制的建立与实施，应当建立起财会、政府采购、建设工程、资产管理、合同管理等部门或岗位之间沟通协调机制，充分发挥各相关部门或岗位的作用。

上述相关部门或岗位应当积极配合内部控制职能部门或者牵头部门主要做好以下工作：
（1）配合内部控制职能部门或牵头部门对本部门相关的经济活动进行流程梳理和风险评估；
（2）对本部门的内部控制建设提出意见和建议，积极参与单位经济活动内部管理制度体系的建设；

（3）认真执行单位内部控制管理制度，落实内部控制的相关要求；

（4）加强对本部门内部控制的日常监控；

（5）做好内部控制执行的其他有关工作。

三、充分发挥单位内部审计、纪检监察部门的职能作用

恰当的内部监督有利于及时发现内部控制建立和实施中的问题和薄弱环节，并及时加以改进，确保内部控制体系得以有效运行。行政事业单位的内部审计部门和纪检监察部门是内部监督的主要力量，所以内部控制的建立和实施也离不开单位内部审计部门和纪检监察部门的参与和支持。

上述部门在内部控制中应当主要做好以下工作：

（1）研究制定监督内部管理制度；

（2）组织实施对内部控制的建立和执行情况及有效性的监督检查和自我评价，并提出改进意见和建议；

（3）督促相关部门落实内部控制的整改计划和措施；

（4）做好内部控制监督检查和自我评价的其他有关工作。

第二节　决策议事机制建设

根据财政部 2012 年发布的《行政事业单位内部控制规范（试行）》（财会〔2012〕21 号）第十四条规定：

"单位经济活动的决策、执行和监督应当相互分离。单位应当建立健全集体研究、专家论证和技术咨询相结合的议事决策机制；重大经济事项的内部决策，应当由单位领导班子集体研究决定。重大经济事项的认定标准应当根据有关规定和本单位实际情况确定，一经确定，不得随意变更。"

因此，重大经济事项的内部决策，应当由单位领导班子集体研究决定。重大经济事项的认定标准应当根据有关规定和本单位实际情况确定，一经确定，不得随意变更。

经济活动决策事关行政事业单位经济资源的优化配置，议事决策机制是行政事业单位经济活动科学决策、民主决策的重要保障。单位建立议事决策机制应当符合以下要求：

一、明确单位决策机构的人员组成和职责权限

单位议事决策机构成员主要包括单位领导及各部门负责人，根据不同的决策事项，可灵活加入与具体决策相关的业务人员及专家。议事决策机构应充分行使职权，通过组织决策会议，决定单位的重大经济活动事项。

二、明确单位经济活动议事决策事项范围

行政事业单位的重大经济事项一般包括大额经费预算支出、经费支出的预算调整、大额资金支出、大宗物品采购、政府采购中采购方式的选择、固定资产处置、基本建设、改造项目、重大外包业务、对外投资项目等。由于各个单位的情况有所不同，每个单位都可以根据国家有关规定和单位的实际情况确定哪些事项属于重大经济事项。

三重一大：即重大事项决策、重要干部任免、重大项目投资决策、大额资金使用，简称"三重一大"制度①。

三、确定单位经济活动议事决策程序

凡属重大经济活动事项，除遇重大突发事件和紧急情况外，应召开领导班子会议对细节进行审核，不得以个别征求意见等方式代替集体决策。遵循以下程序进行决策：

（一）提出集体决策申请

重大经济活动事项决策前，必须按照职责分工，由相关岗位人员进行认真调查研究，经过必要的研究论证程序，提出集体决策申请。

（二）整理决策方案

相关负责人应将汇报材料提前报送参与决策的班子成员审阅，在充分吸收各方意见后，将不同的决策意见进行汇总整理，待上会讨论。

（三）召开决策会议

根据需要决策重大经济活动事项的具体情况，召开领导班子会议，按照民主集中制原则进行集体决策。文秘岗在会前准备好有关会议材料，包括会议议题、科学论证等材料，保证参会人员有充足时间了解相关情况。

---

① "三重一大"最早源于1996年第十四届中央纪委第六次全会公报，对党员领导干部在政治纪律方面提出的四条要求的第二条纪律要求。具体表述如下：认真贯彻民主集中制原则，凡属重大决策、重要干部任免、重要项目安排和大额度资金的使用，必须经集体讨论作出决定。

（四）执行决策方案

重大经济活动事项经会议集体研究决定后，由业务人员或会议指定人员按照职责分工组织实施决策。遇有分工或职责交叉的，应明确一名牵头负责人。个人对集体决策有不同意见的，可以保留，但应无条件执行会议集体决策。

（五）整理决策会议记录

做好决策纪要的记录、流转和保存、备案工作，注重决策落实。单位应当做好相关会议记录，如实反映每一个领导班子成员的决策过程和意见，并请每一位领导班子成员核实记录并签字，及时归档。对重大经济事项的内部决策，应当形成书面决策纪要，如实反映议事过程以及每一位议事成员的意见。将不同的意见记录在案，有利于分清责任。同时，在做好记录的基础上，要求议事成员进行核实、签字认可，并将决策纪要及时归档、妥善保管。

四、加强决策执行的追踪

行政事业单位应当注重决策的落实，对决策执行的效率和效果进行跟踪，将决策责任具体落实到决策者，做到"谁决策、谁负责"，保证决策的透明性、严肃性和责任性。

第三节　关键岗位管理

根据财政部 2012 年发布的《行政事业单位内部控制规范（试行）》（财会〔2012〕21 号）第十五条规定：

"单位应当建立健全内部控制关键岗位责任制，明确岗位职责及分工，确保不相容岗位相互分离、相互制约和相互监督。单位应当实行内部控制关键岗位工作人员的轮岗制度，明确轮岗周期。不具备轮岗条件的单位应当采取专项审计等控制措施；内部控制关键岗位主要包括预算业务管理、收支业务管理、政府采购业务管理、资产管理、建设项目管理、合同管理以及内部监督等经济活动的关键岗位。"

在建立岗位责任制时，应当确保不相容岗位相互分离、相互制约和相互监督。通常的要求就是单位经济活动的决策、执行、监督的相互分离、相互制约，以及业务经办、财产保管、会计记录的相互分离、相互制约。

行政事业单位应当对经济活动相关部门的职能进行科学合理的分解，

确定具体岗位的职责和工作要求等，明确各个岗位的权限和相互关系，在此基础上建立健全内部控制关键岗位责任制。行政事业单位在确定岗位职责和分工的过程中，应当着重体现"不相容岗位相互分离"的控制要求，确保不相容岗位相互分离、相互制约和相互监督。

一、内部控制关键岗位的构成

《行政事业单位内部控制规范（试行）》（财会〔2012〕21 号）从经济活动分类的角度规定，行政事业单位内部控制关键岗位主要包括预算业务管理、收支业务管理、政府采购业务管理、资产管理、建设项目管理、合同管理以及内部监督等经济活动的关键岗位。

行政事业单位应当按照权责对等原则，根据实际情况及自身经济活动特点，合理设置内部控制关键岗位，并通过经济活动业务流程图、岗位责任书等方式，使相关工作人员了解和掌握业务流程、岗位责任和权责分配情况，指导相关工作人员正确履行职责。

二、落实岗位责任制

行政事业单位应当以书面形式（岗位责任书和其他相关文件）对内部控制关键岗位的专业能力和职业道德进行要求，明确岗位职责、岗位职权以及与其他岗位或外界的关系。应当将上述书面要求落实到岗位设置和人员配置之中，按照这些要求进行人事考核，对于不符合岗位要求、不能胜任岗位的工作人员，应当及时暂停其工作，或者调整工作岗位、安排专业培训等。岗位责任书可以根据单位经济活动的调整、外部环境的变化等因素，相应地调整岗位责任书或者其他相关文件的内容，确保岗位职责及工作要求的描述与单位的管理要求保持一致，并将这些要求落到实处。

三、实行轮岗制度

实行轮岗制度可以保持关键岗位工作人员的工作干劲，并促使其牢固树立风险防范意识和拒腐防变的思想道德防线，自觉依法履行职责，克服人员管理的"疲劳效应"，尽早发现管理中存在的问题和隐患。轮岗制度需要明确轮岗周期，根据实际情况确定各关键岗位的轮岗周期。

规模小、人员少的行政事业单位，可能不具备人员轮岗条件，在这种情况下，应当采取专项审计等控制措施替代轮岗机制，确保关键岗位工作人员认真依法履行职责。

第四节　关键人员管理

一、关键人员管理基本要求

根据财政部 2012 年发布的《行政事业单位内部控制规范（试行）》（财会〔2012〕21 号）第十六条规定：

"内部控制关键岗位工作人员应当具备与其工作岗位相适应的资格和能力。单位应当加强内部控制关键岗位工作人员业务培训和职业道德教育，不断提升其业务水平和综合素质。"

二、关键人员管理目标

通过加强内部控制关键岗位工作人员业务培训和职业道德教育，不断提升其业务水平和综合素质，从而使得内部控制关键岗位工作人员具备与其工作岗位相适应的资格和能力，做到人员和岗位与业务相匹配，保障单位经济活动顺利开展及内部控制的有效运行。

三、关键人员管理职责

根据关键岗位的任职要求，选择和配置符合条件的人员，保证关键岗位工作有效开展；培训和教育以增加关键人员知识、经验、技能，以提高关键人员的综合素质为导向；通过业绩考核等方式，激励关键人员，提高关键人员工作的积极性；对于不能满足要求的人员，不再让其承担关键岗位工作职责。

四、关键人员管理具体内容

（一）关键人员资格管理

建立单位人员档案，统计分析单位职员的基本信息、工作经验、工作能力以及综合素质，对单位全体人员的资格和能力有全面了解；同时，根据关键岗位的任职条件，从单位全体人员中选择与关键岗位相符的人员，或者招录符合条件的关键人员，保证关键人员能力素质符合岗位要求和任职资格。

（二）关键人员培训管理

通过组织单位关键人员集体学习、外出交流考察以及邀请专家学者讲座，或通过参加上级单位组织的公务人员培训等形式，提升关键人员的专业素质；通过建立单位分管领导与关键人员之间的帮带机制，由各分管领导辅导关键人员成长；通过尝试关键人员之间的交流和合作，提升关键人员的能力和综合素质。

（三）关键人员奖励管理

明确关键人员的奖励方法和标准，建立关键人员工作激励机制。通过定期绩效考核，对考核结果优秀者给予奖励。在日常经济活动中结合具体项目开展明确奖励标准，激励关键人员高质量完成工作。

（四）关键人员惩戒管理

应按照《行政机关公务员处分条例》《事业单位工作人员处分暂行规定》等相关政策以及党政领导干部管理的相关规定，建立符合单位实际的关键人员惩戒标准和措施，对在单位经济活动开展中违法违纪的关键人员进行处罚。同时，在行政事业单位年度考核方案中明确惩戒措施，对考核不通过的人员给予适当惩罚，保证单位日常工作有效开展。

第五节　会计系统建设

一、会计系统建设基本要求

根据财政部 2012 年发布的《行政事业单位内部控制规范（试行）》（财会〔2012〕21 号）第十七条规定：

"单位应当根据《中华人民共和国会计法》的规定建立会计机构，配备具有相应资格和能力的会计人员。单位应当根据实际发生的经济业务事项按照国家统一的会计制度及时进行账务处理、编制财务会计报告，确保财务信息真实、完整。"

二、会计系统建设目标

会计系统建设旨在提高会计信息质量，保护单位财产安全完整，保证法律法规的贯彻执行，具体包括：

（1）按照国家法规设置会计机构，为单位开展会计管理工作有序运转提供组织保障；

（2）规范会计行为，保证单位会计资料的真实完整；

（3）对单位开展经济业务活动过程中存在的隐患，及时发现、纠正错误及舞弊行为，从而保证单位资金的安全、完整。

三、会计系统建设职责

通过建立健全会计系统控制，完善单位会计业务处理程序，提高单位会计人员的专业技能和综合素质，加强单位会计机构建设，为单位经济活动的开展保驾护航，保证单位会计系统管理规范有序、财务信息真实完整、资产安全和使用有效。

四、会计系统建设内容

1. 会计机构管理

（1）依法在单位内部设立会计机构，明确单位会计机构的职责。

（2）设置会计工作岗位，进行岗位责任分工，保证不相容岗位相分离。

（3）开展会计岗位授权，明确岗位职责权限。

（4）配备会计岗位人员，建立单位会计工作队伍。

2. 会计政策管理

（1）制定具有单位特色的会计管理制度，明确会计工作的基本规范。

（2）设置单位会计科目并进行说明，规范会计报表格式。

（3）制定单位会计核算原则，保证单位会计信息质量。

3. 会计业务管理

（1）明确原始凭证填制要求，规范原始凭证传递和审核程序。

（2）明确记账凭证编制要求，规范记账凭证审核程序。

（3）建立会计账簿，登记会计科目。

（4）定期编制会计报表，按规定进行报送。

第六节　信息系统建设

一、信息系统建设基本要求

根据财政部 2012 年发布的《行政事业单位内部控制规范（试行）》

（财会〔2012〕21号）第十八条规定：

"单位应当充分运用现代科学技术手段加强内部控制。对信息系统建设实施归口管理，将经济活动及其内部控制流程嵌入单位信息系统中，减少或消除人为操纵因素，保护信息安全。"

二、信息系统建设目标

确保合理开展信息系统建设、保证系统安全运行，提高单位内部控制效率，提升单位内部控制效果。

三、信息系统建设职责

利用现代科学技术手段建设信息系统，将经济活动及其内部流程、内控理念、控制活动、控制手段等要素通过信息化手段嵌入系统中，并保障系统安全运行，实现内部控制体系的系统化、常态化，降低人为操纵因素带来的风险，保护信息安全。

四、信息系统建设工作内容

对信息系统建设实施归口管理。规范信息系统购置、运行和维护流程，建立用户管理、重要数据备份、安全保密和泄密追究责任制度等，保证单位的信息安全。

制定信息系统建设的相关规划。根据实际情况，制定信息系统建设的规划。在进行规划时应充分调动相关部门人员的积极性，鼓励全员积极参与，充分沟通。

制定系统操作程序、管理制度以及相关操作规范。单位制定信息系统的使用操作规范和信息管理制度，及时跟踪、发现和解决系统运行中存在的问题，确保信息系统安全稳定运行。

记录系统运行情况。信息系统归口管理部门切实做好系统运行记录，尤其是对于系统运行不正常或无法运行的情况，应对异常现象发生时间和可能原因进行详细记录。

关注信息化风险。应当关注因利用信息化产生的新风险，并根据风险评估情况制定相应的控制措施。

第四章 业务层面内部控制建设

第一节 预算业务内部控制建设

一、预算业务概述

行政事业单位预算管理包括预算和决算。预算是指单位根据发展目标和计划编制的年度财务收支计划，由收入预算和支出预算组成；决算是指单位预算收支和结余的年度执行结果。

二、预算业务的内部控制要求

根据财政部 2012 年发布的《行政事业单位内部控制规范（试行）》（财会〔2012〕21 号）第十九条规定：

"单位应当建立健全预算编制、审批、执行、决算与评价等预算内部管理制度。单位应当合理设置岗位，明确相关岗位的职责权限，确保预算编制、审批、执行、评价等不相容岗位相互分离。"

预算业务涉及预算编制、预算调整、预算执行、决算与绩效评价等重要环节。与此同时应注意预算编制与审核、预算调整与审核、预算评价与监督等不相容岗位设置，明确相应的职责权限。不相容岗位设置是预算业务控制的一个重要环节，不相容岗位相互融合，可能造成控制失效。

三、预算业务关键控制流程及说明

预算业务分为四个环节：预算编制、预算调整、预算执行、决算与绩效评价。

（一）预算编制

1. 预算编制基本要求

根据财政部 2012 年发布的《行政事业单位内部控制规范（试行）》（财会〔2012〕21 号）第二十条规定：

"单位的预算编制应当做到程序规范、方法科学、编制及时、内容完整、项目细化、数据准确。

（一）单位应当正确把握预算编制有关政策，确保预算编制相关人员及时全面掌握相关规定。

（二）单位应当建立内部预算编制、预算执行、资产管理、基建管理、人事管理等部门或岗位的沟通协调机制，按照规定进行项目评审，确保预算编制部门及时取得和有效运用与预算编制相关的信息，根据工作计划细化预算编制，提高预算编制的科学性。"

预算编制是行政事业单位预算业务的起点，单位工作人员的预算执行和考核都与其编制的内容有密切的相关性，因此要保障预算编制的准确度和可行性。

预算编制要求明确以下几点：

（1）分析以前年度预算收入、支出执行情况，考虑单位具体经济活动，明确本年度预算编制工作重点。

（2）各部门上报本部门经费分项预算表，财会部门分类汇总形成单位总预算。

（3）预算决策组织应对单位总预算进行审议，通过后报主管部门进行审核，审核后报同级财政部门审批后，再下达年度预算。

（4）预算编制中应该考虑财会、资产管理、基建、人事、预算执行部门之间的沟通协调机制，保证信息对称。

为保证编制方法科学合理，行政事业单位应采取"零基预算"和"综合预算"相结合的方法。避免出现为保障预算基数不减少，在年底"突击"花钱，最终导致预算支出年年增长的情况。此外，行政事业单位也应考虑以前年度预算执行情况，客观预测预算年度内各项经济活动，根据单位实际情况编制年度收支预算。

2. 预算编制流程

行政事业单位财会部门应组织预算编报工作，业务部门配合财会部门组织数据、编制部门内各项目预算表，财会部门分类汇总形成单位总预算后，经相关负责人或部门审批后提交到财政部门，财政部门审批通过后下达预算控制数，财会部门进行预算公开。如图 4-1 所示。

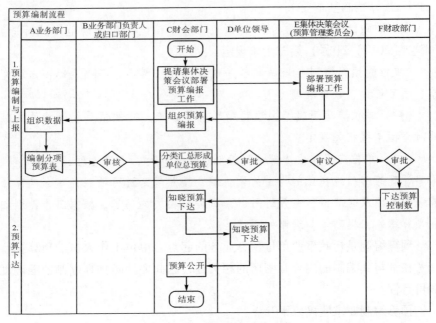

图 4-1 预算编制流程图

（二）预算调整

1. 预算调整基本要求

根据财政部 2012 年发布的《行政事业单位内部控制规范（试行）》（财会〔2012〕21 号）第二十一条规定：

"单位应当根据内设部门的职责和分工，对按照法定程序批复的预算在单位内部进行指标分解、审批下达，规范内部预算追加调整程序，发挥预算对经济活动的管控作用。"

行政事业单位业务部门需要预算调整的，应当报经原预算审批部门批准。业务部门提交的预算调整申请应客观合理，预算决策组织应对预算调整申请进行严格把关。预算调整事项根据经费性质不同可区分不同情况进行处理，不同的调整按照不同流程进行申请及审批，提高单位工作效率。

2. 预算调整流程

行政事业单位业务部门在进行预算调整时，首先根据实际情况编制预算调整申请表，财会部门根据预算申请编制预算调整方案，经原预算编制审批部门批准后，若需财政审批则上报同级财政部门，根据预算调整数进行预算调整。如图 4-2 所示。

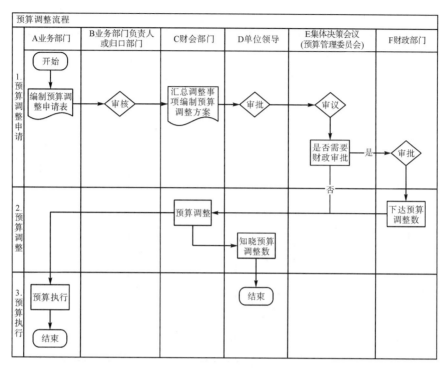

图 4-2　预算调整流程图

（三）预算执行

1. 预算执行基本要求

根据财政部 2012 年发布的《行政事业单位内部控制规范（试行）》（财会〔2012〕21 号）第二十二条规定：

"单位应当根据批复的预算安排各项收支，确保预算严格有效执行。单位应当建立预算执行分析机制。定期通报各部门预算执行情况，召开预算执行分析会议，研究解决预算执行中存在的问题，提出改进措施，提高预算执行的有效性。"

预算执行与收支业务、政府采购业务、资产管理、建设项目管理、合同管理紧密联系。行政事业单位应对预算指标的分解方式、预算执行责任制的建立、重大预算项目的特别关注、预算资金支出的审批要求、预算执行情况的报告与预警机制等作出明确规定，确保预算严格执行。

行政事业单位财会部门应当运用财务报告和其他有关资料监控预算执行情况，及时向单位决策机构报告或反馈预算执行进度、执行差异及其对预算目标的影响，促进预算目标的完成。

2. 预算执行流程

行政事业单位业务部门应根据经济业务的具体情况判断是否需要提出执行申请，如需提出执行申请，应填写预算申请单或情况报告，经相关部门或负责人审批后才能进行经费的支出。如图 4-3 所示。

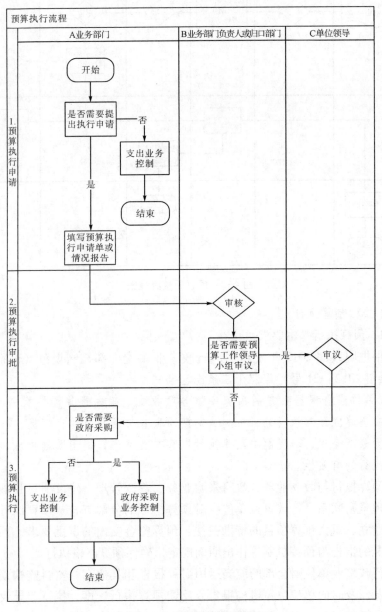

图 4-3　预算执行流程图

（四）决算与绩效评价

1. 决算基本要求

根据财政部 2012 年发布的《行政事业单位内部控制规范（试行）》（财会〔2012〕21 号）第二十三条规定：

"单位应当加强决算管理，确保决算真实、完整、准确、及时，加强决算分析工作，强化决算分析结果运用，建立健全单位预算与决算相互反映、相互促进的机制。"

决算是预算执行的总结，通过决算工作对预算经费执行情况进行分析，能够促进科学合理地编制预算，提升单位经费的使用效益。行政事业单位应准确了解决算体现了哪些重要内容，并对这些内容进行深入剖析，了解单位经费的使用情况，在此基础上进行分析总结，为来年预算编制以及预算执行提供数据支撑，这样才能使决算编报工作不流于形式。

2. 决算流程

行政事业单位财会部门组织决算编报工作，业务部门配合财会部门汇总本部门内各项目决算数据并编制报告，由业务部门负责人或归口部门审核后，财会部门汇总整理形成单位决算报告，经相关负责人或部门审批后提交至财政部门，财政部门审批通过后由财会部门进行决算公开。如图 4-4 所示。

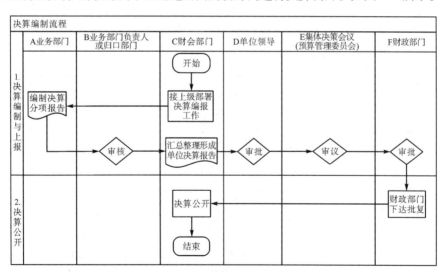

图 4-4 决算流程图

3. 绩效评价基本要求

根据财政部 2012 年发布的《行政事业单位内部控制规范（试行）》

（财会〔2012〕21号）第二十四条规定：

"单位应当加强预算绩效管理，建立'预算编制有目标、预算执行有监控、预算完成有评价、评价结果有反馈、反馈结果有应用'的全过程预算绩效管理机制。"

预算绩效评价涵盖了预算业务控制的所有环节。在预算编制环节应确立预算绩效目标，说明申请经费的目的以及用途。在预算执行环节应严格按照预算编制确定的用途进行支出，在执行过程中对预算绩效目标进行监控，及时发现问题并纠正。在预算执行环节结束后，应由单位财会部门或上级主管部门进行绩效评价。

行政事业单位应建立预算编制有目标、预算执行有监督、执行结果有评价的全过程预算绩效评价管理体系。其中，行政事业单位还应对预算执行环节设立奖惩制度，将预算执行情况与单位工作人员的绩效挂钩，使预算执行具有较强的约束力。预算下达后，将预算数进行划分，落实到单位的每一个部门甚至每一个岗位，形成较完整的预算执行责任体系，保证预算数能够被很好地执行。

4. 绩效评价流程

行政事业单位财会部门组织绩效评价工作，业务部门配合财会部门提供预算自我评价报告相关信息，由业务部门负责人或归口部门审核后，财会部门编制绩效评价报告，经相关负责人或部门审批后，上报给主管部门并存档。如图4-5所示。

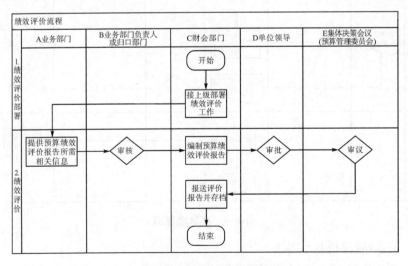

图4-5　绩效评价流程图

内部控制流程并没有统一的模板，行政事业单位应结合单位自身实际情况，例如，组织机构设置、人员配备和岗位分工等设计高效简洁的流程图。

四、预算业务的主要风险点及控制措施

1. 预算编制环节

风险点一：预算编制前对全年业务及工作缺乏充分预测和详细规划，可能导致预算项目随意性大、预算不准确或脱离实际。

控制措施：细化预算编制程序。预算编制应在以往年度预决算分析基础上，根据行政事业单位发展规划，参考收支增减因素及各业务部门上报的下一预算年度业务工作计划，对下一年度单位财政收支的规模和结构进行预计和测算。

风险点二：预算编制过程短、时间紧，准备不充分，编制前对有关政策和资料掌握不全，可能导致预算编制质量不高。

控制措施：完善预算编制的组织管理，做好预算编制的各项准备工作。单位集体决策会议统一部署预算编报工作，行政事业单位财会部门依据预算管理相关规定和财政预算编报要求，提前做好预算编制政策、基础数据的准备。

风险点三：行政事业单位财会部门与业务部门缺乏有效沟通，可能导致预算编制与预算执行活动脱节。

控制措施：规范预算编制程序。严格按照预算编制的内部控制流程执行编报，各业务部门按规定的职责以及下一年度工作安排组织数据、提交基础资料，汇总至财会部门。必要时可由财会部门对相关人员进行编报前培训。

2. 预算调整环节

风险点一：预算调整未经适当的审批程序，导致调整不符合相关规定。

控制措施：行政事业单位预算调整需严格按照内部控制流程履行相应审批程序。业务部门提交预算调整申请，财会部门汇总单位预算调整事项，经集体决策会议集体决议后方可向主管部门和财政部门提交预算调整方案。

风险点二：行政事业单位业务部门对追加或调整项目认识不足，提出

的调整需求偏离实际情况，导致调整数额不准确。

控制措施：行政事业单位业务部门提出预算调整需求要有科学合理的依据，在预算调整申请表后附调整情况说明。调整方案须经单位集体决策会议集体决议后方可上报，经财政部门批复后才能实施。

风险点三：对预算调整控制不严，导致预算调整随意和频繁调整，影响预算的刚性和严肃性。

控制措施：建立预算追加和调整机制，严格规范预算调整程序。确定预算追加调整的警戒幅度，严禁突破警戒幅度调整，遇特殊情况，须经单位集体决策会议集体决议。对缺乏合理理由的追加调整，应予拒绝。

3. 预算执行环节

风险点一：未按照批复的预算安排各项收支，导致实际执行与预算有差异，甚至出现超预算、无预算项目支出。

控制措施：单位根据批复的预算额度安排预算执行。各业务部门预算执行申请应受预算指标当前可用额度控制；单位集体决策会议对超预算或无预算项目的支付申请不予审批。

风险点二：预算执行过程审批不严格，应该履行执行申请业务未经申请和审批直接进入支付程序，影响预算执行的严肃性。

控制措施：预算执行应当严格按照内控规定的程序履行审批手续。需要明确提出执行申请的业务范围和金额标准，该履行申请的业务必须由经办人填写执行申请单并经过审批后，才能办理资金支付。

风险点三：未对预算执行进行分析，预算执行进度偏慢或偏快、与计划不符，导致工作无序、缺乏条理性。

控制措施：定期召开预算执行进度会，各业务部门汇报工作进展、财会部门汇报预算执行进展，单位集体决策会议对预算执行情况进行分析评价，对未严格按照预算进行执行的业务部门督促整改，对预算执行中存在的问题提出改进措施。

4. 决算与绩效评价环节

风险点一：未按规定和要求完成决算编制和绩效评价工作，可能影响下一年度工作开展。

控制措施：根据财政部门和主管部门统一要求的年度决算软件模板，据实填写年度决算信息，按时公开决算报告。根据决算报告和预算信息编制绩效评价报告，并按时上报。

风险点二：决算与预算存在脱节、口径不一，难以反映预算执行情况，可能导致预算管理的效率低下。

控制措施：加强决算数据分析。在保证决算信息真实、完整、准确的基础上，对比分析预、决算差异原因，建立健全行政事业单位预算与决算相互反映、相互促进的机制。

风险点三：绩效目标设置不合理，导致预算绩效评价无法实施；预算绩效管理机制不完善、评价方法不科学，可能使评价结果流于形式、奖惩不到位。

控制措施：依据年度工作总目标设置预算绩效目标，使绩效目标可量化、可衡量。建立科学合理的内部绩效管理制度，评价结果应及时反馈并在一定范围公开。对考评优良的业务部门，下一年度预算分配上可给予一定优先权，对考评差的业务部门，在预算使用上需重点关注。

风险点四：行政事业单位无预算监督部门，导致预算管理缺乏有效的监督机制。

控制措施：集体决策会议对行政事业单位预算业务进行事前、事中及事后监督，执行监督职能。

每个单位的情况不同，预算业务的风险点也有所不同。这和各个单位的组织结构、领导风格以及组织业务的复杂性等多种因素相关。因此不存在适用于所有单位的模板，在设计单位预算控制的措施时也要结合单位关键风险点和实情来选择恰当的方法。

五、案例及常见问题

（一）预算编制与单位发展战略不匹配

1. 具体解释

行政事业单位业务部门预算与部门发展战略不匹配是预算编制与单位发展战略不匹配的主要体现形式。单位拟定了各业务部门当年的工作内容与发展规划，但最后编制的部门预算与部门发展规划相关性不大。预算编制内容宽泛未进行细节划分，业务部门发展规划没有具体方向，使预算与规划对应不起来，在一定程度上降低了预算支出的效益。为保障预算编制内容切合业务部门发展方向，在预算编制过程中各业务部门工作人员都应积极参与，全面考虑部门经费支出情况以及发展方向。

2. 典型案例

某市审计组在审计中发现 2021 年某县未按规定用途安排政府性基金支

出，涉及金额××万元。

3. 案例分析

某县政府未按照预算编制内容对政府性基金进行合理恰当的使用，这严重违反了我国预算法的要求，不符合《中华人民共和国预算法》第五十七条"各级政府财政部门必须依照法律、行政法规和国务院财政部门的规定，及时、足额地拨付预算支出资金，加强对预算支出的管理和监督。各级政府、各部门、各单位的支出必须按照预算执行，不得虚假列支"的规定。

4. 改进建议

由于单位未按规定用途合理使用政府性基金，根据《财政违法行为处罚处分条例》第七条"财政预决算的编制部门和预算执行部门及其工作人员有下列违反国家有关预算管理规定的行为之一的，责令改正，追回有关款项，限期调整有关预算科目和预算级次。对单位给予警告或者通报批评。对直接负责的主管人员和其他直接责任人员给予警告、记过或者记大过处分；情节较重的，给予降级处分；情节严重的，给予撤职处分：（二）违反规定编制、批复预算或者决算"，该县应予以纠正。针对上述现象，建议该县成立预算工作领导小组，对预算执行进行事前、事中以及事后全过程监督，避免未按规定用途使用政府性基金的现象发生。

（二）预算细化不够

1. 具体解释

行政事业单位业务部门中的项目预算有具体的项目名称，但是没有详细说明该项目各流程的经费支出指标。由于项目经费支出指标细化不够，在执行过程中没有参考目标，可能出现个别流程经费超支的情况。此外，项目经费支出指标细化不够也可能存在项目预算被占用的情况，即其他预算支出事项经费不足，从该项目预算中挤占经费，从而达到补充经费的目的。

2. 典型案例

经审计发现，2021年××区××局、××办等30个预算单位政府采购项目未编制政府采购预算，涉及金额1 322.08万元。

3. 案例分析

上述单位未编制政府采购预算，却在政府采购环节进行了经费支出，不符合《中华人民共和国政府采购法》第六条"政府采购应当按照批准的预算执行"及第十八条"负有编制部门预算职责的部门在编制下一财政年度部门预算时，应当将该财政年度政府采购的项目及资金预算列出，报本级财政部门汇总"的规定。

4. 改进建议

由于上述单位未编制政府采购预算，预算编制不完整，根据《财政违法行为处罚处分条例》第六条"国家机关及其工作人员有下列违反规定使用、骗取财政资金的行为之一的，责令改正，调整有关会计账目，追回有关财政资金，限期退还违法所得。对单位给予警告或者通报批评。对直接负责的主管人员和其他直接责任人员给予记大过处分；情节较重的，给予降级或者撤职处分；情节严重的，给予开除处分：（四）违反规定扩大开支范围，提高开支标准"的规定，××区财政局应督促相关单位予以改正，加强政府采购预算约束。

政府采购环节是行政事业单位内部控制中的重要环节，在预算编制环节中应该体现政府采购的具体经费支出。建议上述单位设置两名及以上的工作人员进行预算编制，在预算编制过程中互相检查监督，确保在形成单位总预算后内容完整准确；并建立预算监督小组，对预算编制的全过程实施监督，避免在预算编制环节出现纰漏。

（三）预算编制质量不高

1. 具体解释

行政事业单位预算编制工作由财会部门负责，人员有限、时间紧张、工作量大等原因导致单位预算编制质量不高。具体来说，时间紧张、工作量大，单位财会人员与业务部门工作人员沟通不充分，难以了解业务部门的真正需求，导致编制的年度预算比较笼统。此外，行政事业单位未能将零基预算运用到预算编制过程中，依旧用以前年度的预算基数加上本年预算变动的老方法进行编制，可能会导致与单位实际情况相差较大。财会部门工作人员凭借以往经验和对当年预算变动的主观理解，很难将具体预算指标分配到各个业务部门，后续在预算执行过程中很可能频繁出现预算追加调整的现象。

2. 典型案例

某市审计局在对某行政单位审计时发现存在房租收入预算编制不完整现象：根据房屋出租合同反映，该单位年应收房租 100 万元，单位在编制部门预算时按 80 万元申报组织收入，实际上缴 70 多万元。

3. 案例分析

造成这种现象的主要原因如下：一方面，单位在编制收入预算时未按照"全口径预算管理"要求，将所有收入全部纳入部门预算；另一方面，对单位收入预算编制与执行缺乏及时有效的监督。

4. 改进建议

根据《中华人民共和国预算法》第二十六条"各部门编制本部门预算、决算草案；组织和监督本部门预算的执行；定期向本级政府财政部门报告预算的执行情况。各单位编制本单位预算、决算草案；按照国家规定上缴预算收入，安排预算支出，并接受国家有关部门的监督"的规定，建议改变现行的房租收入预算编制方法，由财政部门集中管理。行政单位和全额拨款事业单位房租收入全额上缴财政，不再安排给单位使用。目前，该市行政单位房屋产权证交由财政部门统一保管，但资产仍在各单位账面反映，房屋租金由各单位收取后上缴。为从源头上根除在房租收入方面存在的应收未收或应缴未缴等问题，建议财政部门对全市行政事业单位房屋出租情况进行清理，房屋租金通过招投标办法确定，并委托专门部门负责收取和上缴，房租收入不再列入单位部门预算。

（四）决算报表信息失真

1. 具体解释

下面几种情况可能会导致决算报表信息失真。首先，行政事业单位未遵循上级财政部门的要求，即单位有些经济活动支出项目对应不上相应的资金来源，未做到决算平衡。其次，行政事业单位财会人员为了达到规范要求标准，支出项目按标准定额填报，无法真实反映单位各项经济活动的实际支出情况，可能会导致决算报表信息失真。最后，对新的法规政策了解不透，财会人员不能及时更新预算知识体系，导致存在应付工作、不积极不负责等现象，从而使决算流于形式。

2. 典型案例

审计组在对某部门领导任职期间经济责任审计项目中发现，该部门某年决算报表编报不准确，决算报表金额公务接待费数为××万元，实际数为××万元，少填报金额××万元，未按实际情况进行核实编制。

3. 案例分析

该部门未按实际数额对决算报表进行填报，不符合《中华人民共和国预算法》第七十五条"编制决算草案，必须符合法律、行政法规，做到收支真实、数额准确、内容完整、报送及时"的规定。决算报表的准确性对部门绩效管理起着至关重要的作用,数据的不准确直接影响后续的决算分析,预算执行效果难以客观真实地体现出来。

4. 改进建议

由于该部门未按实际情况填报决算报表,根据《财政违法行为处罚处分条例》第七条"财政预决算的编制部门和预算执行部门及其工作人员有下列违反国家有关预算管理规定行为之一的,责令改正,追回有关款项,限期调整有关预算科目和预算级次。对单位给予警告或者通报批评。对直接负责的主管人员和其他直接责任人员给予警告、记过或者记大过处分;情节较重的,给予降级处分;情节严重的,给予撤职处分:(二)违反规定编制、批复预算或者决算"的规定。要求该部门应予以纠正,如实编制决算报表,确保决算数据的真实、准确。针对上述情况,建议该部门在决算报表填报环节由两人及以上的工作人员进行分工负责,并交叉检查填报内容;成立预算监督小组,对预算业务环节实施全过程监督,避免决算报表填报不准确的情况发生;部门审计组应不定期抽查决算报表的填报情况,确保决算报表内容完整、准确。

第二节　收支业务内部控制建设

一、收支业务概述

(一)收支业务定义

1. 收入业务定义

(1)行政单位收入

根据财政部 2023 年发布的《行政单位财务规则》(财政部令第 113 号)第十六条规定:

"收入是指行政单位依法取得的非偿还性资金,包括财政拨款收入和其他收入。

财政拨款收入,是指行政单位从本级财政部门取得的预算资金。

其他收入,是指行政单位依法取得的除财政拨款收入以外的各项收入。

行政单位依法取得的应当上缴财政的罚没收入、行政事业性收费收入、政府性基金收入、国有资源（资产）有偿使用收入等，不属于行政单位的收入。"

（2）事业单位收入

根据财政部 2022 年发布的《事业单位财务规则》（财政部令第 108 号）规定：

"第十六条 收入是指事业单位为开展业务及其他活动依法取得的非偿还性资金。

第十七条 事业单位收入包括：

（一）财政补助收入，即事业单位从本级财政部门取得的各类财政拨款。

（二）事业收入，即事业单位开展专业业务活动及其辅助活动取得的收入。其中：按照国家有关规定应当上缴国库或者财政专户的资金，不计入事业收入；从财政专户核拨给事业单位的资金和经核准不上缴国库或者财政专户的资金，计入事业收入。

（三）上级补助收入，即事业单位从主管部门和上级单位取得的非财政补助收入。

（四）附属单位上缴收入，即事业单位附属独立核算单位按照有关规定上缴的收入。

（五）经营收入，即事业单位在专业业务活动及其辅助活动之外开展非独立核算经营活动取得的收入。

（六）其他收入，即本条上述规定范围以外的各项收入，包括投资收益、利息收入、捐赠收入、非本级财政补助收入、租金收入等。"

（3）非税收入

根据财政部 2016 年发布的《政府非税收入管理办法》（财税〔2016〕33 号）第三条规定：

"本办法所称非税收入，是指除税收以外，由各级国家机关、事业单位、代行政府职能的社会团体及其他组织依法利用国家权力、政府信誉、国有资源（资产）所有者权益等取得的各项收入。具体包括：

（一）行政事业性收费收入；

（二）政府性基金收入；

（三）罚没收入；

（四）国有资源（资产）有偿使用收入；

（五）国有资本收益；

（六）彩票公益金收入；

（七）特许经营收入；

（八）中央银行收入；

（九）以政府名义接受的捐赠收入；

（十）主管部门集中收入；

（十一）政府收入的利息收入；

（十二）其他非税收入。

本办法所称非税收入不包括社会保险费、住房公积金（指计入缴存人个人账户部分）。"

2. 支出业务定义

（1）行政单位支出

根据财政部 2023 年发布的《行政单位财务规则》（财政部令第 113 号）第十九条规定：

"支出是指行政单位为保障机构正常运转和完成工作任务所发生的资金耗费和损失，包括基本支出和项目支出。

基本支出，是指行政单位为保障其机构正常运转和完成日常工作任务所发生的支出，包括人员经费和公用经费。

项目支出，是指行政单位为完成其特定的工作任务所发生的支出。"

（2）事业单位支出

根据财政部 2022 年发布的《事业单位财务规则》（财政部令第 108 号）规定：

"第二十条 支出是指事业单位开展业务及其他活动发生的资金耗费和损失。

第二十一条 事业单位支出包括：

（一）事业支出，即事业单位开展专业业务活动及其辅助活动发生的基本支出和项目支出。基本支出，是指事业单位为保障其单位正常运转、完成日常工作任务所发生的支出，包括人员经费和公用经费；项目支出，是指事业单位为完成其特定的工作任务和事业发展目标所发生的支出。

（二）经营支出，即事业单位在专业业务活动及其辅助活动之外开展非独立核算经营活动发生的支出。

（三）对附属单位补助支出，即事业单位用财政补助收入之外的收入对附属单位补助发生的支出。

（四）上缴上级支出，即事业单位按照财政部门和主管部门的规定上缴上级单位的支出。

（五）其他支出，即本条上述规定范围以外的各项支出，包括利息支出、捐赠支出等。"

（二）收支业务相关制度

（1）《行政单位财务规则》（财政部令第 113 号）

（2）《事业单位财务规则》（财政部令第 108 号）

（3）《事业单位会计准则》（财政部令第 72 号）

（4）《政府非税收入管理办法》（财税〔2016〕33 号）

（5）《财政部关于加快推进地方政府非税收入收缴电子化管理工作的通知》（财库〔2017〕7 号）

（6）《财政票据管理办法》（财政部令第 70 号）

（7）《党政机关厉行节约反对浪费条例》（中发〔2013〕13 号）

（8）《中央和国家机关差旅费管理办法》（财行〔2013〕531 号）

（9）《财政部关于调整中央和国家机关差旅住宿费标准等有关问题的通知》（财行〔2015〕497 号）

（10）《中央和国家机关会议费管理办法》（财行〔2016〕214 号）

（11）《中央和国家机关培训费管理办法》（财行〔2016〕540 号）

（12）《因公临时出国经费管理办法》（财行〔2013〕516 号）

（13）《单位公务卡管理办法（试行）》（财库〔2016〕8 号）

除上述规定制度外，我国各级地方政府出台的相关收支管理制度，同样是行政事业单位收支业务内部控制建设的重要依据。

二、收支业务的内部控制要求

（一）收入业务的内部控制要求

1. 建立健全收入内部管理制度

根据财政部 2012 年发布的《行政事业单位内部控制规范（试行）》（财会〔2012〕21 号）第二十五条规定：

"单位应当建立健全收入内部管理制度。单位应当合理设置岗位，明确相关岗位的职责权限，确保收款、会计核算等不相容岗位相互分离。"

行政事业单位应当根据国家相关法律法规及管理规定，建立符合单位实际的收入内部管理制度。行政单位对财政拨款收入、其他收入建立管理制度，事业单位对财政补助收入、事业收入、上级补助收入、附属单位上缴收入、经营收入和其他收入建立制度体系，防止单位账务资金体外循环或形成"小金库"，防范挪用单位收入、违规使用票据等违法行为发生。

行政事业单位应当保证收入业务各环节的不相容岗位相互分离、相互制约，不相容岗位主要包括收款确认与会计核算、收入业务执行与检查监督。

2. 财会部门管理各项收入

根据财政部 2012 年发布的《行政事业单位内部控制规范（试行）》（财会〔2012〕21 号）第二十六条规定：

"单位的各项收入应当由财会部门归口管理并进行会计核算，严禁设立账外账。

业务部门应当在涉及收入的合同协议签订后及时将合同等有关材料提交财会部门作为账务处理依据，确保各项收入应收尽收，及时入账。财会部门应当定期检查收入金额是否与合同约定相符；对应收未收项目应当查明情况，明确责任主体，落实催收责任。"

财会部门应当对单位各项收入实施统一归口管理，进行相关会计核算、记账及其他工作。同时，业务部门应当充分利用现有条件积极组织收入业务，财会部门对各项收入进行正确划分，并依法缴纳各种税费，保证收入业务的合法性与合理性。此外，财会部门应当及时报告与分析收入事项，确保收入公开、透明，为单位制定科学合理的决策项目提供依据，以便持续提高单位行政管理水平。

3. 非税收入依法征收与上缴

根据财政部 2012 年发布的《行政事业单位内部控制规范（试行）》（财会〔2012〕21 号）第二十七条规定：

"有政府非税收入收缴职能的单位，应当按照规定项目和标准征收政府非税收入，按照规定开具财政票据，做到收缴分离、票款一致，并及时、足额上缴国库或财政专户，不得以任何形式截留、挪用或者私分。"

具有政府非税收入收缴职能的行政事业单位，应当按照《政府非税收入管理办法》（财税〔2016〕33 号）、《财政部关于加快推进地方政府非税收入收缴电子化管理工作的通知》（财库〔2017〕7 号）等管理规定，依法进行非税收入的征收与上缴工作，不得对非税收入进行截留、挪用、私分等违法事项。

4. 建立健全票据管理制度

根据财政部 2012 年发布的《行政事业单位内部控制规范（试行）》（财会〔2012〕21 号）第二十八条规定：

"单位应当建立健全票据管理制度。财政票据、发票等各类票据的申领、启用、核销、销毁均应履行规定手续。单位应当按照规定设置票据专管员，建立票据台账，做好票据的保管和序时登记工作。票据应当按照顺序号使用，不得拆本使用，做好废旧票据管理。负责保管票据的人员要配置单独的保险柜等保管设备，并做到人走柜锁。

单位不得违反规定转让、出借、代开、买卖财政票据、发票等票据，不得擅自扩大票据适用范围。"

行政事业单位应当加强对票据的管理工作，设置专门人员管理票据。票据专管员对于领取部门领取的各种票据，应定期核对和抽查，并依法接受监管部门的监督。

（二）支出业务的内部控制要求

1. 建立健全支出内部管理制度

根据财政部 2012 年发布的《行政事业单位内部控制规范（试行）》（财会〔2012〕21 号）第二十九条规定：

"单位应当建立健全支出内部管理制度，确定单位经济活动的各项支出标准，明确支出报销流程，按照规定办理支出事项。单位应当合理设置岗位，明确相关岗位的职责权限，确保支出申请和内部审批、付款审批和付款执行、业务经办和会计核算等不相容岗位相互分离。"

行政事业单位应当遵循国家相关法律法规及管理规定，建立符合单位实际的收入内部管理制度。单位应严格执行"收支两条线"规定，明确各项经济活动的支出标准与审批程序，规范支出报销流程，保证支出行为的合理性、资源配置的有效性、支出管理的高效性，提高财政资金使用的效率与效果。

行政事业单位应当保证支出业务各环节的不相容岗位相互分离、相互制约，不相容岗位主要包括支出申请与审批、业务经办与审核、付款审批与执行、业务经办与会计核算。

2. 加强支出审批、审核、支付、核算和归档控制

根据财政部 2012 年发布的《行政事业单位内部控制规范（试行）》（财会〔2012〕21 号）第三十条规定：

"单位应当按照支出业务的类型，明确内部审批、审核、支付、核算和归档等支出各关键岗位的职责权限。实行国库集中支付的，应当严格按照财政国库管理制度有关规定执行。

（一）加强支出审批控制。明确支出的内部审批权限、程序、责任和相关控制措施。审批人应当在授权范围内审批，不得越权审批。

（二）加强支出审核控制。全面审核各类单据。重点审核单据来源是否合法，内容是否真实、完整，使用是否准确，是否符合预算，审批手续是否齐全。

支出凭证应当附反映支出明细内容的原始单据，并由经办人员签字或盖章，超出规定标准的支出事项应由经办人员说明原因并附审批依据，确保与经济业务事项相符。

（三）加强支付控制。明确报销业务流程，按照规定办理资金支付手续。签发的支付凭证应当进行登记。使用公务卡结算的，应当按照公务卡使用和管理有关规定办理业务。

（四）加强支出的核算和归档控制。由财会部门根据支出凭证及时准确登记账簿；与支出业务相关的合同等材料应当提交财会部门作为账务处理的依据。"

行政事业单位相关人员应当在授权范围内审批，不能越权审批，审批程序应当完整、有效，金额与性质都重大的支出事项应当由单位领导班子集体研究审议决定；按照规定审核各类凭证的真实性、合法性，审核业务内容的真实性、合理性；按照规定办理资金支付手续；按照规定及时准确登记账簿，根据相关凭证及时进行会计核算；按照规定做好相关资料归档工作。

3. 建立健全债务内部管理制度

根据财政部 2012 年发布的《行政事业单位内部控制规范（试行）》（财会〔2012〕21 号）第三十一条规定：

"根据国家规定可以举借债务的单位应当建立健全债务内部管理制度，明确债务管理岗位的职责权限，不得由一人办理债务业务的全过程。大额债务的举借和偿还属于重大经济事项，应当进行充分论证，并由单位领导班子集体研究决定。

单位应当做好债务的会计核算和档案保管工作。加强债务的对账和检查控制，定期与债权人核对债务余额，进行债务清理，防范和控制财务风险。"

　　根据规定可以举借债务的行政事业单位应当建立健全债务内部管理制度，防范财务风险，保证单位资金安全。

三、收支业务关键控制流程及说明

　　（一）收入业务关键控制流程及说明

　　1. 收入业务关键控制流程

　　行政事业单位收入业务关键控制流程主要分为三大阶段：收入预算阶段、收入执行阶段和收入核算阶段。

　　2. 收入业务关键控制流程说明

　　收入预算阶段，主要包括收入项目与标准确定等流程；收入执行阶段，主要包括收入拨款、收入收缴、票据开具等流程；收入核算阶段，主要包括会计核算、登记账簿、报告编制等流程。

　　（二）支出业务关键控制流程及说明

　　1. 支出业务关键控制流程

　　行政事业单位支出业务关键控制流程主要分为两大阶段：事前申请阶段及事后报销阶段。支出业务流程如图 4-6 所示。

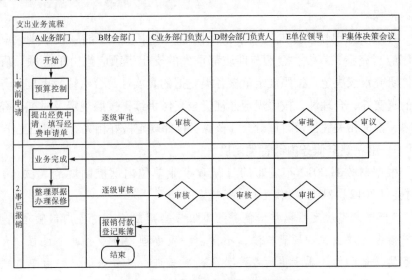

图 4-6　支出业务关键控制流程图

2. 支出业务关键控制流程说明

支出业务事前申请采用逐级审批方法：业务部门经办人在预算控制之内提出经费申请，并填写经费申请单，根据资金使用额度、事项性质逐级经部门负责人审核、单位领导审批、单位集体决策会议审议。

支出业务事后报销同样采用逐级审批方法：在业务完成后，业务部门经办人整理相应票据，办理报销事项，根据资金使用额度、事项性质逐级经业务部门负责人审核、财会部门负责人审核、单位领导审批，财会部门再进行报销付款、登记账簿。

四、收支业务的主要风险点及控制措施

（一）收入业务的主要风险点及控制措施

1. 收入预算阶段

（1）风险点

单位未严格按照收入项目与收费标准进行收入预算编报，虚编各项收入的基础数据、业务数据。

（2）控制措施

单位应当参考以前年度预决算情况，根据本单位发展规划，对下一年度单位收入的规模和结构进行预计和测算，据实编报各类数据。

2. 收入执行阶段

（1）风险点

单位违反"收支两条线"管理规定，对收入进行截留、挪用或私分，私设"小金库"。

（2）控制措施

单位收入应当由财会部门统一归口管理，明确岗位的职责权限，可以一人多岗，但必须保证不相容岗位分离，岗位间相互制约、相互监督，严格按照规定执行收入业务。

3. 收入核算阶段

（1）风险点

单位收入核算不规范，不设账或设立"账外账"。

（2）控制措施

单位确保各项收入全部纳入财会部门进行会计核算，严禁设立账外账，严禁将收入作为往来资金入账，各项收入必须按规定入账。同时，建立健全收入分析和对账制度，定期进行财务检查，对各项收入进行分析与监控。

（二）支出业务的主要风险点及控制措施

1. 事前申请阶段

（1）风险点

支出申请不符合预算管理要求，支出范围和开支标准不符合相关规定，且未经适当的审批程序。重大专项经费支出事项未经集体讨论，可能导致错误或舞弊。

（2）控制措施

单位应当建立支出事项申请、审批制度，并严格执行。支出申请应在预算控制内提出，并需按照资金使用额度、事项性质逐级审批。单位应当明确各类支出事项的开支标准，如有法规文件的支出事项，则按照法规文件确定各类支出事项的开支标准；若无法规文件的支出事项，单位应根据实际情况制定支出细则。单位应当建立重大支出事项及大额支出集体决策制度和责任追究制度，重大支出事项需经单位领导班子集体研究决定。

2. 事后报销阶段

（1）风险点

单位采用虚假或不符合要求的票据进行报销，可能有支出业务违法违规的风险。资金支付与会计核算不规范，可能导致会计业务和相关财务信息失真。支出缺乏定期分析与监控，对重大问题缺乏应对措施。

（2）控制措施

单位财会部门应当全面审核各类单据，仔细审核原始单据基本内容的完整性、合理性和合法性，审批手续的完备性等，对于不符合财务规定的支出凭证，财务人员应提出异议，并要求经办人按规定重新整理合规凭证办理报销手续。加强资金支付和会计核算控制，财会部门应当按照规定办理资金支付业务，签发的支付凭证应当及时登记。加强支出业务分析控制，财会部门及时汇总支出情况资料，定期编制经费支出情况管理报告并报送单位领导，对于支出业务中发现的异常情况，应及时采取有效措施。

五、案例及常见问题

（一）收入业务常见问题

[**典型案例**] 审计局在对某单位审计时，发现应付账款中的一个明细

科目经常有各种支出，这引起了审计人员的注意。通过对记账凭证与原始凭证的审查，审计人员了解到非本单位的一些开支在此报销，其中包括一些小型设备购买费用，还有手机、餐费、车费等。审计人员向被审单位继续追查这一情况，经反复询问，财务人员说明是某一事业单位向本单位出租房屋取得的收入，为方便开支，逃避监督，在被审单位存放。

1. 案例分析

随着经济监督工作的加强，舞弊现象层出不穷。某些事业单位将应获取的收入滞留在其他单位，双方互利互惠、各得其所。这种情况一般来自于单位房屋及其他固定资产进行出租所获得的资金，在为对方提供各种服务和方便后，将租金收入、资金占用费和服务费等资金在对方财务账上存放，并随意进行各种开支，既弥补了事业开支不足，又方便了自己。这一行为违反了《事业单位财务规则》（财政部令第 108 号）第十八条："事业单位应当将各项收入全部纳入单位预算，统一核算，统一管理，未纳入预算的收入不得安排支出"以及《行政事业单位内部控制规范（试行）》（财会〔2012〕21 号）第二十六条："单位的各项收入应当由财会部门归口管理并进行会计核算，严禁设立账外账"的规定。

2. 改进建议

事业单位的租金收入属于其他收入事项，应严格遵循《事业单位财务规则》（财政部令第 108 号）、《行政事业单位内部控制规范（试行）》（财会〔2012〕21 号）等条款规定。同时单位应建立健全收入分析信息系统，定期对收入进行系统分析；财会部门定期与收入执行部门进行对账，确保收入已入账。此外，单位应定期进行财会检查与内部审计监督，加强对外来款项的检查，避免设立账外账、私设"小金库"等现象的发生。

（二）支出业务常见问题

[**典型案例**] 网络曝光某市××区某慈善组织一餐花费 9 859 元，引发社会热议。20××年×月×日，一位博友在其微博上分享了一张图片，只写了一句话："××组织一顿饭的发票不涉密吧？想转发却被告知已经删除"，其后跟着一张餐饮发票。根据发票，收款单位为"某市××区惠公馆餐饮管理有限公司"，付款单位为"某市××区某慈善组织"，消费金额为 9 859 元。某市××区某慈善组织相关部门组织专业人员，对该区某慈善组织这项开支的原始凭证（发票等）、记账凭证和账册进行了核查。核查结果：某市××区某慈善组织于 20××年×月×日以"某慈善组织工作会务费"支付给某市××

区慧公馆餐饮管理有限公司 9 859 元，发票号码为 46510×××，记账凭证号为 J2-03-00×××，资金开支渠道为××区某慈善组织的工作业务经费，非社会各界捐赠的救灾救助款。本次活动系××区某慈善组织与相关单位协会商洽工作的公务活动，参加人员 17 人，人均消费明显高于标准。××区有关部门已经责令××区某慈善组织将超过公务接待标准（人均 150 元）部分的 7 309 元予以退回，由个人承担。目前超标款项已经全部退回，某市某慈善组织决定，向全市某慈善组织系统通报批评××区某慈善组织在公务接待活动中的铺张浪费现象，并要求全市某慈善组织系统，要厉行节约，用勤俭办一切事业的精神做好慈善事业。

1. 案例分析

该慈善组织是从事人道主义工作的社会救助团体，属于行政事业单位，应遵守《党政机关厉行节约反对浪费条例》（中发〔2013〕13 号）、《党政机关国内公务接待管理》《事业单位财务规则》（财政部令第 108 号）、《事业单位会计准则》（财政部令第 72 号）等规章制度。

根据 2013 年中共中央国务院发布的《党政机关厉行节约反对浪费条例》（中发〔2013〕13 号）第二十一条规定：

"党政机关应当严格执行国内公务接待标准，实行接待费支出总额控制制度。

接待单位应当严格按标准安排接待对象的住宿用房，协助安排用餐的按标准收取餐费，不得在接待费中列支应当由接待对象承担的费用，不得以举办会议、培训等名义列支、转移、隐匿接待费开支。

建立国内公务接待清单制度，如实反映接待对象、公务活动、接待费用等情况。接待清单作为财务报销的凭证之一并接受审计。"

根据 2013 年中共中央、国务院发布的《党政机关国内公务接待管理规定》第十条规定：

"接待对象应当按照规定标准自行用餐。确因工作需要，接待单位可以安排工作餐一次，并严格控制陪餐人数。接待对象在 10 人以内的，陪餐人数不得超过 3 人；超过 10 人的，不得超过接待对象人数的三分之一。

工作餐应当供应家常菜，不得提供鱼翅、燕窝等高档菜肴和用野生保护动物制作的菜肴，不得提供香烟和高档酒水，不得使用私人会所、高消费餐饮场所。"

而某市××区某慈善组织的"高额餐费"行为严重违反了中央关于严格

控制公务接待费支出的文件规定。行政事业单位应严格遵守相关制度条例，加强公务接待费支出的内部控制管理。

2. 改进建议

行政事业单位若需要公务接待费支出，负责公务接待的相关业务部门在收到公函后，应提出合理的接待意见，并执行严格的审核、审批程序。在公务接待事项发生前，业务部门应根据批复的预算额度，填写《××单位公务接待审批表》，注明接待时间、被接待单位、主要人员情况及接待内容等要素，部门负责人对事项的必要性、合理性进行审核，报单位领导审批，必要时提请单位领导班子集体决策。在公务接待过程中，业务部门应严格按照《党政机关国内公务接待管理规定》进行公务接待行为。在公务接待事项完成后，业务部门整理相应票据，部门负责人应对各类凭据的真实性、合法性进行严格审核，财会部门应对原始单据基本内容的完整性、合理性和合法性进行严格审查，防止存在使用虚假票据套取资金的情形。

第三节　政府采购业务内部控制建设

一、政府采购业务概述

（一）政府采购的界定

根据《中华人民共和国政府采购法》第二条规定：

"各级国家机关、事业单位和团体组织，使用财政性资金采购依法制定的集中采购目录以内的或者采购限额标准以上的货物、工程和服务的行为。"

根据国务院 2015 年发布的《中华人民共和国政府采购法实施条例》（国务院令第 658 号）第二条规定：

"政府采购法第二条所称财政性资金是指纳入预算管理的资金。以财政性资金作为还款来源的借贷资金，视同财政性资金。"

（二）政府采购当事人

根据《中华人民共和国政府采购法》十四条规定：

"政府采购当事人是指在政府采购活动中享有权利和承担义务的各类主体，包括：采购人、供应商和采购代理机构等。"

根据国务院 2015 年发布的《中华人民共和国政府采购法实施条例》（国务院令第 658 号）第十一条规定：

"采购人在政府采购活动中应当维护国家利益和社会公共利益，公正廉洁，诚实守信，执行政府采购政策，建立政府采购内部管理制度，厉行节约，科学合理地确定采购需求。"

1. 采购人

采购人是指使用财政性资金采购物资或服务的国家机关、事业单位或团体组织。

2. 采购代理机构

采购代理机构包括集中采购机构和集中采购机构以外的采购代理机构。其中，集中采购机构是设区的市级以上人民政府依法设立的非营利事业法人，是代理集中采购项目的执行机构；集中采购机构以外的采购代理机构，是从事采购代理业务的社会中介机构。

3. 供应商

供应商是指向采购人提供货物、工程或者服务的法人、其他组织或者自然人。参加政府采购活动的供应商应具备下列条件：

（1）具有独立承担民事责任的能力；

（2）具有良好的商业信誉和健全的财务会计制度；

（3）具备履行合同所需的设备和专业技术能力；

（4）有依法缴纳税收和社会保障资金的良好记录；

（5）参加政府采购活动前三年内，在经营活动中没有因违法经营受到刑事处罚或者责令停产停业、吊销许可证或者执照、较大数额罚款等行政处罚；

（6）法律、行政法规规定的其他条件。

（三）政府采购法规要求

1. 政府采购相关法规依据如表4-1所示：

表4-1　政府采购相关法规依据

法规名称	颁布日期	颁布单位	发文字号
《中华人民共和国政府采购法》	2002-6-29	全国人民代表大会常务委员会	—
《政府采购信息公告管理办法》	2004-8-11	财政部	财政部令第19号
《财政部关于进一步规范政府采购评审工作有关问题的通知》	2012-6-11	财政部	财库〔2012〕69号
《行政事业单位内部控制规范（试行）》	2012-11-29	财政部	财会〔2012〕21号

表4-1(续)

法规名称	颁布日期	颁布单位	发文字号
《中华人民共和国政府采购法实施条例》	2015-1-30	国务院	国务院令第 658 号
《财政部关于加强政府采购活动内部控制管理的指导意见》	2016-6-29	财政部	财库〔2016〕99 号
《政府采购货物和服务招标投标管理办法》	2017-7-11	财政部	财政部令第 87 号
《政府采购信息发布管理办法》	2019-11-27	财政部	财政部令第 101 号
《政府购买服务管理办法》	2020-1-3	财政部	财政部令第 102 号
《政府采购需求管理办法》	2021-4-30	财政部	财库〔2021〕22 号
《政府采购质疑和投诉办法》	2022-7-13	财政部	财政部令第 94 号

2. 总体要求

根据财政部 2012 年发布的《行政事业单位内部控制规范（试行）》（财会〔2012〕21 号）规定：

"第三十二条 单位应当建立健全政府采购预算与计划管理、政府采购活动管理、验收管理等政府采购内部管理制度。

第三十三条 单位应当明确相关岗位的职责权限，确保政府采购需求制定与内部审批、招标文件准备与复核、合同签订与验收、验收与保管等不相容岗位相互分离。"

二、政府采购业务的内部控制要求

政府采购业务的内部控制，应至少满足以下列出的各项基本要求，这些基本要求不仅是政府采购内部控制的基本要求，也是政府采购内部控制的具体目标，以使行政事业单位能够对自身的政府采购内部控制进行检查和评价。

根据财政部 2012 年发布的《行政事业单位内部控制规范（试行）》（财会〔2012〕21 号）规定：

"第三十二条 单位应当建立健全政府采购预算与计划管理、政府采购活动管理、验收管理等政府采购内部管理制度。

第三十三条 单位应当明确相关岗位的职责权限，确保政府采购需求制定与内部审批、招标文件准备与复核、合同签订与验收、验收与保管等不相容岗位相互分离。

第三十四条 单位应当加强对政府采购业务预算与计划的管理。建立预算编制、政府采购和资产管理等部门或岗位之间的沟通协调机制。根据本单位实际需求和相关标准编制政府采购预算，按照已批复的预算安排政府采购计划。

第三十五条 单位应当加强对政府采购活动的管理。对政府采购活动实施归口管理，在政府采购活动中建立政府采购、资产管理、财会、内部审计、纪检监察等部门或岗位相互协调、相互制约的机制。

单位应当加强对政府采购申请的内部审核，按照规定选择政府采购方式、发布政府采购信息。对政府采购进口产品、变更政府采购方式等事项应当加强内部审核，严格履行审批手续。

第三十六条 单位应当加强对政府采购项目验收的管理。根据规定的验收制度和政府采购文件，由指定部门或专人对所购物品的品种、规格、数量、质量和其他相关内容进行验收，并出具验收证明。

第三十七条 单位应当加强对政府采购业务质疑投诉答复的管理。指定牵头部门负责、相关部门参加，按照国家有关规定做好政府采购业务质疑投诉答复工作。

第三十八条 单位应当加强对政府采购业务的记录控制。妥善保管政府采购预算与计划、各类批复文件、招标文件、投标文件、评标文件、合同文本、验收证明等政府采购业务相关资料。定期对政府采购业务信息进行分类统计，并在内部进行通报。

第三十九条 单位应当加强对涉密政府采购项目安全保密的管理。对于涉密政府采购项目，单位应当与相关供应商或采购中介机构签订保密协议或者在合同中设定保密条款。"

三、政府采购业务关键控制流程及说明

行政事业单位的政府采购业务一般包括三个阶段：采购计划、采购实施和采购监督。政府采购的基本业务流程包括采购预算编报与下达、采购计划编制与审核、采购需求申报、采购方式选择、代理机构选用、供应商确定、采购合同签订、管理供应过程、采购项目验收、采购结算付款、会计控制、采购资料归档、采购信息公开、质疑与投诉处理以及采购后评估等。如图4-7所示。

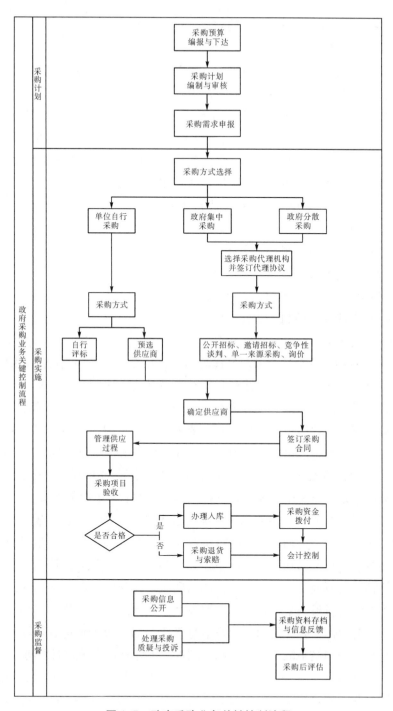

图 4-7 政府采购业务关键控制流程

（一）政府采购计划与预算环节

1. 法规条款

根据财政部 2012 年发布的《行政事业单位内部控制规范（试行）》（财会〔2012〕21 号）第三十四条规定：

"单位应当加强对政府采购业务预算与计划的管理。建立预算编制、政府采购和资产管理等部门或岗位之间的沟通协调机制。根据本单位实际需求和相关标准编制政府采购预算，按照已批复的预算安排政府采购计划。"

根据《中华人民共和国政府采购法》第六条规定：

"政府采购应当严格按照批准的预算执行。"

2. 设计要点

（1）预算编报控制。

（2）计划编报控制。

（3）编审流程控制。

（4）衔接安排控制。

3. 具体解释

（1）采购预算是整个采购过程的起点，也是整个采购过程的关键。必须编制所有经济活动预算，并在开展经济活动之前应用预算指标。支出安排在目标限额内，超出部分应按照规定的程序报告额外预算。单位集中采购预算在年初与部门预算同步编制，要做到应编尽编，将属于集中采购范围的支出项目均编入集中采购预算，体现预算支出规模和方向。

（2）单位应根据"先预算、后计划、再采购"的工作流程报告政府采购预算和计划，避免未根据预算进行采购或采购后再申报的现象发生。

（3）单位应对计划编制和预算编制过程进行严格审查，加强预算控制作用，规范预算，增加和调整的审批程序，使预算的追加及调整得到严格有效的控制。在预算和计划报告中，如果各部门对自身职责认识不清，认为预算控制与所处部门关系不大，部门间缺乏沟通和协调，就会导致缺乏事实依据和盲目编制采购预算的情况发生。在政府采购预算中，预算标准缺乏实时有效性，相应的商品价格信息无法与当前市场形势有效联系，就会使得预算编制结果缺乏科学性和应用性，不能有效指导后期采购工作。

（4）单位应加强采购预算与采购计划之间的联系，建立部门之间的沟通协调机制。预算编制人员、政府采购人员以及资产管理人员应针对彼此间的工作内容进行沟通协调，及时调整安排，形成预算与计划之间的有效衔接，预算与计划应做到保持一致，不能相差过多。

（二）政府采购需求环节

1. 法规条款

根据财政部 2012 年发布的《行政事业单位内部控制规范（试行）》（财会〔2012〕21 号）第三十五条规定：

"单位应当加强对政府采购申请的内部审核，按照规定选择政府采购方式、发布政府采购信息。对政府采购进口产品、变更政府采购方式等事项应当加强内部审核，严格履行审批手续。"

根据财政部 2017 年发布的《政府采购货物和服务招标投标管理办法》（财政部令第 87 号）第十条规定：

"采购人应当对采购标的的市场技术或者服务水平、供应、价格等情况进行市场调查，根据调查情况、资产配置标准等科学、合理地确定采购需求，进行价格测算。"

2. 设计要点

（1）申请制度控制。

（2）请购审核控制。

（3）需求单据控制。

（4）会计管理控制。

3. 具体解释

（1）单位应明确政府采购需求并建立采购申请制度和系统。单位应根据采购的货物或服务类型确定归口管理部门，授予相应的请购权，明确有关部门或人员的职责，规范请购程序。申请制度建立健全，工作人员才能依据规章制度办事，相应的程序也就明朗，确保政府采购需求计划活动有章可循、有据可依，使政府采购需求环节规范有序。

（2）确保请购依据充分，且经过适当授权或审批，并符合本单位的实际业务需求，确保采购事项的真实性、合理性和合法性，防止欺诈和舞弊行为发生。

（3）单位应结合内部控制方法，按照国家有关规定和单位经济活动，明确界定内部管理制度采购活动涉及的形式和单据。要求相关人员按照规定填写、审核、归档和保存文件。

（4）控制是会计本身的一个功能。要加强会计机构建设，提高会计人员业务水平，强化会计人员问责制度，规范会计基础工作，加强会计档案管理，明确会计凭证、会计账簿和财务会计报表处理程序。

（三）政府采购招投标管理环节

1. 法规条款

根据《政府采购货物和服务招标投标管理办法》第十三条和第十四条可知，政府采购招投标管理主要针对货物和服务类的管理，主要包括公开招标和邀请招标两种方式。

2. 设计要点

（1）采购方式控制。

（2）招投标程序控制。

3. 具体解释

（1）合理选择政府采购方式。公开招标应是政府采购的主要采购方式，因客观原因无法实施公开招标的，按照《中华人民共和国政府采购法》《中华人民共和国政府采购法实施条例》相关规定，经财政部门批准确定其他四种采购方式①之一。

（2）确保政府采购招投标活动遵循公开、公平、公正、诚信的原则，符合国家法律法规和相关政策。建立标准化的政府采购招标程序，不得人为拆解项目，规避招标。单位应当通过招标方式确定采购供应商，并遵循公开、公平、平等竞争的原则，发出招标通知，合理选择中标者，以确保政府采购商品和服务的质量。政府采购招投标管理环节见图4-8。

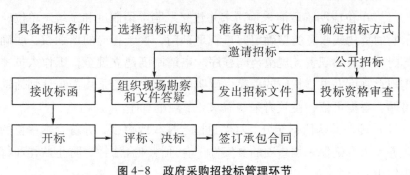

图4-8 政府采购招投标管理环节

（四）政府采购合同管理环节

1. 法规条款

根据财政部 2012 年发布的《行政事业单位内部控制规范（试行）》

---

① 经财政部门批准确定其他四种采购方式为邀请招标、竞争性谈判、单一来源采购、询价。

（财会〔2012〕21号）第五十四条规定：

"单位应当建立健全合同内部管理制度。"

根据财政部2017年发布的《政府采购货物和服务招标投标管理办法》（财政部令第87号）规定：

"第七十三条 采购人与中标人应当根据合同的约定依法履行合同义务。政府采购合同的履行、违约责任和解决争议的方法等适用《中华人民共和国合同法》。

第七十五条 采购人应当加强对中标人的履约管理，并按照采购合同约定，及时向中标人支付采购资金。对于中标人违反采购合同约定的行为，采购人应当及时处理，依法追究其违约责任。"

2. 设计要点

（1）合同订立控制。

（2）签订程序控制。

（3）合同履行控制。

（4）合同审核控制。

（5）执行跟踪控制。

3. 具体解释

（1）单位应加强对合同订立的管理，明确合同的范围和条件。对于具有重大影响，涉及高专业技能或复杂法律关系的合同，应组织法律、技术、会计等工作人员参与谈判，如有必要，可聘请外部专家参与相关工作。谈判过程中的重要事项和谈判参与者的主要意见应予以记录和妥善保存。政府采购合同根据招标文件、投标文件、必要的澄清文件和补充文件以及评估结果进行签订。在合同中，应明确规定货物的规格、质量、价格、到货时间、售后服务等，不得有不明确表述的项目。

（2）规范政府采购合同签订过程。单位与供应商签订采购合同应严格按照标准化程序，确保合同条款符合国家有关法律法规的要求。

（3）单位应实施有效的合同履行监督。在履行合同的过程中，对方或单位不能按时履行的，应当及时采取措施。单位应当制定定期报告制度，按照合同履行计划实施项目管理，制定合同履行报告。在履行合同期间，单位若发现客观因素，如政策调整和市场变化，或者显失公平、条款错误、另一方有欺诈行为等可能会损害单位利益的情形，应按照规定程序及时报告。

（4）单位应建立合同履行监督审查制度。在履行合同或变更、终止合同时签订补充合同，应当按照国家有关规定进行审查。审核是为了加强对合同使用效果的检查和分析，确保合同充分有效履行。

（5）跟踪合同履行过程。合同双方不得随意更改、中止或终止合同，确保供应商按合同规定及时供货。

政府采购合同管理内部控制体系的构建见图4-9。

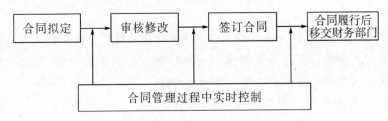

图4-9　政府采购合同管理内部控制构建体系

（五）政府采购项目验收管理环节

1. 法规条款

根据财政部2012年发布的《行政事业单位内部控制规范（试行）》（财会〔2012〕21号）第三十六条规定：

"单位应当加强对政府采购项目验收的管理。根据规定的验收制度和政府采购文件，由指定部门或专人对所购物品的品种、规格、数量、质量和其他相关内容进行验收，并出具验收证明。"

根据《中华人民共和国政府采购法》第四十一条规定：

"采购人或者其委托的采购代理机构应当组织对供应商履约的验收。大型或者复杂的政府采购项目，应当邀请国家认可的质量检测机构参加验收工作。验收方成员应当在验收书上签字，并承担相应的法律责任。"

2. 设计要点

（1）验收制度控制。

（2）验收执行控制。

（3）验收异常控制。

（4）验收报告控制。

（5）验收监督控制。

3. 具体解释

（1）建立采购验收制度。明确采购验收程序、标准以及责任人，确保采购验收工作有章可循、有据可依。

（2）政府采购部门负责建立检验和验收小组。收到购买的商品和服务后，采购部门应当组织验收小组验收货物和服务。验收小组应验收所购商品和服务的相关内容，并出具验收证明报告。复杂的采购项目应得到专家或其他质量检测机构的协助。

（3）单位相关人员如发现异常情况，应及时报告并进行妥善处理。

（4）加强对采购和验收的财务监督管理，确保政府采购验收过程规范。由行政主管部门、政府监管部门（财政、审计、监察）和社会监督部门共同监督。

（六）资金支付环节

1. 法规条款

根据《中华人民共和国政府采购法》第二条规定：

"在中华人民共和国境内进行的政府采购适用本法。本法所称政府采购，是指各级国家机关、事业单位和团体组织，使用财政性资金采购依法制定的集中采购目录以内的或者采购限额标准以上的货物、工程和服务的行为。"

根据国务院 2015 年发布的《中华人民共和国政府采购法实施条例》（国务院令第 658 号）第二条规定：

"政府采购法第二条所称财政性资金是指纳入预算管理的资金。以财政性资金作为还款来源的借贷资金，视同财政性资金。国家机关、事业单位和团体组织的采购项目既使用财政性资金又使用非财政性资金的，使用财政性资金采购的部分，适用政府采购法及本条例；财政性资金与非财政性资金无法分割采购的，统一适用政府采购法及本条例。"

2. 设计要点

（1）支付申请控制。

（2）支付审核控制。

（3）会计系统控制。

3. 具体解释

（1）单位应确保采购支付申请程序完整，并确保采购业务会计数据的真实性、完整性和准确性。资金申请人在向审批人提交付款申请或附上有效的原始收据、相关证明时，应明确说明付款的目的、金额、预算、限额、付款方式等。

（2）单位应建立严格的资金支付审核和授权审批流程，全面审核各类文件。支出凭证应附有反映支出细节的原始单据，并由经办人员签字或盖章，确保与经济业务事项相符。如果有超出规定标准的支出事项，应由经办人员说明原因并附审批依据。

（3）单位应建立健全财会管理制度。设置会计机构以提高会计人员的业务水平，同时，强化会计人员岗位责任制，使其基础性工作更加规范化。此外，深化管理会计档案、会计凭证、会计账簿和财务会计报告处理程序。

（七）政府采购信息公开环节

1. 法规条款

根据财政部 2012 年发布的《行政事业单位内部控制规范（试行）》（财会〔2012〕21 号）第三十五条规定：

"单位应当加强对政府采购申请的内部审核，按照规定选择政府采购方式、发布政府采购信息。对政府采购进口产品、变更政府采购方式等事项应当加强内部审核，严格履行审批手续。"

根据财政部 2004 年发布的《政府采购信息公告管理办法》（财政部令第 19 号）第四条规定：

"政府采购信息公告应当遵循信息发布及时、内容规范统一、渠道相对集中，便于获得查找的原则。"

2. 设计要点

（1）范围内容控制。

（2）公布平台控制。

（3）信息保密控制。

3. 具体解释

（1）单位应明确政府采购信息公告的范围和内容，严格按照《政府采购信息公告管理办法》第八条的规定作出公告。

（2）政府采购相关信息应在财政部指定的政府采购信息发布媒体上公布。

（3）对于涉及国家秘密、供应商商业秘密和政府采购信息的政府机密，单位应当对法律、行政法规要求保密的机密信息保密。

（八）政府采购质疑投诉环节

1. 法规条款

根据财政部 2012 年发布的《行政事业单位内部控制规范（试行）》（财会〔2012〕21 号）第三十七条规定：

"单位应当加强对政府采购业务质疑投诉答复的管理。指定牵头部门负责、相关部门参加，按照国家有关规定做好政府采购业务质疑投诉答复工作。"

根据《中华人民共和国政府采购法》规定：

"第五十一条 供应商对政府采购活动事项有疑问的，可以向采购人提出询问，采购人应当及时作出答复，但答复的内容不得涉及商业秘密。

第五十三条 采购人应当在收到供应商的书面质疑后七个工作日内作出答复，并以书面形式通知质疑供应商和其他有关供应商，但答复的内容不得涉及商业秘密。

第五十六条 政府采购监督管理部门应当在收到投诉后三十个工作日内，对投诉事项作出处理决定，并以书面形式通知投诉人和与投诉事项有关的当事人。"

2. 设计要点

（1）权利范围控制。

（2）投诉平台控制。

3. 具体解释

（1）监管单位政府采购项目的质疑和投诉管理，对政府采购供应商的质疑及投诉进行及时有效的处理，理应保护参与各供应商的合法权益。

（2）单位应按照《政府采购质疑和投诉办法》的规定处理。

四、政府采购业务的主要风险点及控制措施

（一）政府采购预算与计划编制环节

风险点一：未详细掌握本单位对于资产物资及服务的实际需求和相关配备标准。

控制措施：单位的采购管理部门要根据单位对相关工程、货物以及服务的需求量，以经费及设备配置的标准将采购预算具体化，列出需要采购的货物或项目名单，然后按照采购预算和实际的采购需求对月度采购计划进行编制。

风险点二：采购计划安排不合理，造成货物、工程及服务购置与本单位年度工作计划、现有资产及配置情况相脱节。编制的预算草率、粗糙、缺乏科学性，等到真正需要落实的时候发现与实际需要严重不符，可能导致采购失败、业务活动中断或资源浪费。

控制措施：单位应规范政府采购实施计划的编制和审查程序，将采购计划用作采购预算的执行细节。采购计划自发布之日起三个月内有效，各单位应及时向政府采购中心申报采购情况。根据"预算生成计划，计划对应采购"的要求，一个集中采购预算项目可以生成多个采购计划。但是，一个采购计划条目仅对应一次采购活动、一张中标（成交）通知书。

风险点三：采购预算不科学，预算项目不详细，准备工作粗糙、随机性大，可能导致预算约束不足。

控制措施：

1. 规范政府采购预算编制和审查程序

政府采购和部门采购的预算编制程序大体上是相同的，均采用"二上二下"的编制程序。下面以中央政府采购预算编制流程为例进行介绍：一上是指由下至上地逐级对政府采购预算草案进行填报。然后，各个部门根据财政部部署的相关要求，自下而上根据政府采购预算表格的要求，逐级对本年度的政府采购项目及资金进行列报编制，最后将其汇总至财政部审核。一下是指自上而下对政府采购预算进行审核。财政部对各部门上报的政府采购预算与已核定的各部门支出控制数进行审核，然后将各部门的采购预算进行重新编制，再将重新编制结果下达给各部门征求意见，要求各部门根据支出控制数额进行预算调整。二上是指自上而下对政府采购预算进行中心编制。各部门按照支出控制数，并根据本单位年度预算收支情况，以优先顺序对支出项目进行调整，并确定具体的采购项目预算金额和其实施时间，总支出不可以超过控制数，上报给财政部。二下是指自上而下批阅回复并下达政府采购预算。财政部汇总各单位调整过的采购预算，对其进行进一步的审核，然后与其他各部门一同形成预算草案上报给国务院批准，最后由全国人民代表大会审议通过后方可下达实施。自 2001 年起，财政部削减部门的工作量，保证政府采购预算的准确性及稳定性，规定政府采购预算应于"二上"时进行编制上报。

2. 完善编制方法，细化预算编制

预算编制应在评价当年预算执行情况（一般是预估数）的基础上，根据本单位各部门（及下属单位）上报的业务工作计划，估算和衡量下一个预算年度单位财政收入和支出的规模和结构；对于预算年度的工作计划，应尽可能具体，并应相应改进预算编制。

（二）政府采购活动控制环节

风险点一：缺乏采购申请制度。

控制措施：单位应严格制定采购申请制度以及标准化的报批流程。各单位应当按照所需采购的物品和服务种类，确定集中管理部门，并赋予其相应的请购权，使相关部门和人员的责任分工明确，并使请购过程规范化。拥有请购权的部门，在进行预算内的采购时，必须严格按照预算的执行进度来进行，并根据工作计划提出合理的申请；对超出预算、预算外的采购项目，必须先履行预算调整手续，由有相关权力的部门或人员再进行采购手续。

风险点二：采购申请审核不严格。

控制措施：单位应当加强对政府采购申请的内部审核制度，依法选择采购方式，发布采购信息。要强化对进口商品、改变政府采购模式等的内部审查，严格执行审批手续。当拥有相应审批权限的部门或人员对采购申请进行审批的时候，应该将重点放在采购申请的内容是否正确、完整，与开展业务活动的实际需求相一致，是否符合采购计划，是否属于采购预算范围等。对于不符合规定的采购申请，申请部门应当要求调整申请或者拒绝批准；对于建设项目和大型特种设备采购等重大项目，应聘请专业评估机构对需求文件进行专业审查。

风险点三：选择不合适的采购代理机构，其资质或业务范围不符合采购代理机构的要求。

控制措施：合理选择采购代理机构，根据单位实际情况及需求选择适合单位的采购代理机构。政府采购代理机构可分为集中采购机构和采购代理中介机构，在法律规定的范围内，二者接受采购人的委托，进行政府采购业务。

风险点四：供应商选择不当。

控制措施：应采用合法合规的方式选择合适的采购供应商，对选择的流程及方式进行规范。单位需要对供应商的评估和准入建立科学严谨的操作制度，对不同种类的货物、工程、服务的供应商背景信用是否真实合法进行调查，构建供应商白名单，完善单位内部的供应商网络。对于该单位新入供应商的批准条件、供应商增加新的服务关系、修改供应商提供的商品清单，应依据必要的需求由采购部门提出申请。必须遵循"公平、公正、公开"的原则进行采购活动，供应商的准入应以选择优秀的供应商为原则，在杜绝徇私舞弊的基础上，共同签署质量保证协议。

（三）政府采购招投标管理环节

风险点一：没有选择恰当的招标方式。

控制措施：对单位的招标制度流程加大监督管理强度，确定相关的执行方式和处理原则。采购额度达到公开招标相关规定的标准时，一定要采取公开招标方式进行采购。因特殊因素无法公开招标，需在采购前向所在地区的市、自治州以上的政府财政部门申请，并在获得批准后使用其他方式进行采购。单位不得将整体采购的标的进行分解，以使金额低于公开招标标准的方式规避公开招标。必须遵循"公开、公正、公平"的原则进行招投标活动。

风险点二：未严格要求招标文件发出到投标的截止时间。

控制措施：单位应当加强时限要求，自招标文件发布之日起至投标人提交招标文件之日止，采用招标方式购买货物和服务项目，时间不得少于二十日。

风险点三：政府采购招标程序不规范。

控制措施：政府采购招标流程要清晰明了，提高招标过程的透明度。开展招标要严格按照标前准备、编写招标文件书、明确标底、公布招标公告或投标邀请书、预审资格的流程进行。投标人需要提交的资格证明文件应在预审公告结束后 3 日之内提交完毕。

风险点四：政府采购投标程序不规范。

控制措施：政府采购投标流程要清晰明了，投标过程中的主要控制点要透明化。依据相关制度规则，合理控制、完善投标的实施过程。对采购投标的实施过程进行分析，确定该流程中的重点并进行管理。投标人有权力在该次投标事项要求的时间范围内及对招标单位进行书面通知的前提下，对提交的相关文件进行后续处理，主要包括增加相关材料、改正相关材料或取消提交材料。

风险点五：开标程序不符合规定。

控制措施：将政府的采购开标过程规范化，明确把握其中重要的管控点。采购代理机构组织开标活动，参与者包括采购人和投标人等。开标需要提前与同级人民政府相关部门进行协商，其财政部门可在开标日期到指定地点进行监督。

风险点六：评标程序不符合规定。

控制措施：加强政府采购评标流程的规范化，严格确定评标过程中的重要管控点。采购代理机构承担评标工作组织的任务，应依法组建评标委员会，负责具体的评标事务。采购代理机构应根据项目特点，选择最低评价法、综合评分法和成本效益法评价招标。招标后，招标人应组织评审员编制评估报告，并报告采购代理机构。

风险点七：中标过程不符合规定。

控制措施：规范政府采购中标的过程，确定中标过程的关键点。采购代理机构应当在评估结束后的 5 个工作日之内，向采购方发出评标报告。买方应当在接到评估报告后的 5 个工作日之内，根据评估报告所推荐的中标人的先后次序，确定中标供应商；还可授予投标委员会直接决定中标供应商的权力。采购人自己组织招标的，中标人在评标结束后 5 个工作日内选定。

（四）政府采购合同管理环节

风险点一：合同对方主体资格、履约能力等未达要求，合同内容存在重大疏漏和欺诈，未及时向有关主管部门报备。

控制措施：在政府采购合同的签订和归档过程规范化的前提下，必须要保证政府采购合同签订过程的合法性和合规性。单位应当严格按照《中华人民共和国合同法》的有关规定与供应商签订合同，其中政府采购合同应当书面化。

风险点二：缺乏对采购合同履行情况的有效跟踪。

控制措施：严格政府采购合同履行流程管理，规范政府采购合同的变更程序。单位应该遵照采购合同中所规定的主要条款，对可能会影响生产和建设进度的异常情况进行跟踪，发出书面报告，并提出相应的解决办法，采取必要措施，确保及时供应所需材料。在履行政府采购合同的过程中，若采购方在不改变合同其他条款的情况下，需要增加与合同标的一致的商品、工程或服务，可以与供应商进行协商，但所有的补充合同的采购金额不能超过原合同采购金额的 10%。

风险点三：运输方式的选择不合理，忽略了运输过程中的风险，可能导致采购材料的损失或无法保证供应。

控制措施：单位应根据采购材料的生产计划和技术特点，选择合理的运输工具和运输方式，办理运输、投保事宜。特别是对于重要材料，单位应当在合同履行过程中建立并实施检查和监督机制。

（五）政府采购项目验收管理环节

风险点一：验收程序不规范。

控制措施：标明采购验收的统一标准，使政府采购验收过程更具规范性。单位可根据自身采购项目实际情况，将各类采购项目验收在标准、方法和程序三个方面进行优化设计，针对大型采购项目有必要开设验收小组，由技术、法律和财会等各领域专家协作完成验收。

风险点二：对验收异常情况处理不及时。

控制措施：及时妥善地处理验收过程中出现的异常情况。如果在验收过程中发现异常情况，检测机构人员应该及时针对此种情况做出相应的特殊处理。对于不符合质量检验资格的货物、服务和项目，主管采购部门应当按照检验结果办理退货、索赔等事项。一旦发现假冒伪劣产品，应当马上移交相关执法部门进行调查取证。若是供应商违约，应该及时做出纠正或补偿的处理，如若造成损失，应当追究违约责任并报送监督部门处理。

风险点三：验收环节疏于监管。

控制措施：建立健全采购验收环节的财务监督管理制度，确保采购验收规范有序进行。采购单位应按照规定做好采购项目的验收工作，加强政府采购货物、工程和服务的财务监督。根据原始发票，办理资产登记和会计核算，确保国有资产的安全和完整，防止损失。

（六）政府资金支付环节

风险点一：付款审核不严格。

控制措施：采购单位不仅要严格执行财务支付的审计和管理，更要对各类采购文件的真实性、合法性及有效性进行严格审查，确定采购金额是否符合支付条件，是否确实应当支付。另外，中标的验收报告也应作为申请政府采购项目资金支付的必要文件。在资金支付过程中，政府采购项目应严格执行国家财政资金支付管理的各项制度。属于财政预算安排的采购资金，应切实履行国库集中支付制度。选择合理的支付手段，切实履行合同条约既是采购单位规避在支付过程中出现法律风险以保证资金安全的有效手段，又是遵守国家支付结算相关规定的有力保证。

风险点二：资金支付申请手续不完备。

控制措施：严格办理采购支付手续，规范购买资金支付的相关要求。在货物或服务的验收完成或项目完成后，采购部门可以向财会部门申请支付采购资金。支付申请时，采购部门应当按照采购合同，验收项目竣工后最终报告，按照资金支付的有关规定填写相关表格，在向采购单位财会部门申请支付资金时，应当提供下列文件：发票、中标通知、合同和验收报告的申请表。

风险点三：采购业务信息统计不及时。

控制措施：单位应定期对政府采购业务信息进行分类和收集，并在内部进行报告。各级单位应当结合单位业务特点和管理需要，不断完善采购支出管理报告机制；各采购业务执行机构应当按照有关要求，定期向财会部门提交各项采购项目实施计划以及实施情况的管理报告。财会部门应在审查收到的采购支出资料的基础上，汇总采购执行情况等资料，定期编制本级单位采购预算执行情况管理报告，为领导管理决策提供信息支撑。

（七）政府采购信息控制环节

风险点一：政府采购没有按要求发布采购信息。

控制措施：根据需要发布政府采购信息，及时发布政府采购信息公告。采购单位和采购代理机构应当按照政府采购的法律、行政法规公告政府采购信息。

风险点二：未及时发布政府采购信息公告可能导致公众和相关部门的监督困难。

控制措施：单位应当及时公布政府采购信息公告，政府采购信息公告应当遵循及时信息发布、统一对内容和相对集中的渠道进行监管，以方便搜索。

风险点三：采购信息安全保密程序不严格。

控制措施：根据《政府采购信息公告管理办法》，除国家秘密、供应商的商业秘密以及法律或行政法规应保密的政府采购信息外，必须公布政府规定的采购信息。

（八）政府采购质疑投诉环节

风险点：政府采购质疑与投诉处理不当。

控制措施：建立政府采购质疑处理机制，明确政府采购投诉处理的程序和相关要求。供应商可对损害其利益的行为以书面形式提出质疑，采购单位及采购代理机构应在收到供应商的书面质疑后七个工作日内予以答复，并书面通知质疑供应商和其他相关供应商，但答复的内容不得涉及商业秘密。

五、案例及常见问题

（一）政府采购预算批复审批违规问题

目前，政府采购预算审批不合规现象较为常见，给预算执行过程带来隐患。有些单位只控制预算总体水平的单位总支出，不分解和细化单位内部预算，不可能形成内部审批单位的预算指标，预算支出过程相对粗糙。其他预算指标经常同时使用，导致无法实现预算管理的完善。比如某些单位虽然对单位内的预算进行分解，但是指标批复却并没有得到严肃对待，从而导致预算计划无法有效实施，预算指标无效。

（二）采购提供虚假资料

[**典型案例**] 2018年9月2日，受H采购中心委托，N招标公司对该中心的"监控系统采购项目"进行招标。在9月7日公布招标后，共有十七家供应商购买招标文件。9月29日，在招标截止日期前，十七名投标人按时提交了投标文件。经评估专家评估后，确定C公司为中标人。买方H中心确认评标结果后，N招标公司发布中标公告，C公司中标。10月6日，投标人F公司称因为中标人的产品数据不符合招标文件的技术要求，并且存在提供虚假材料以获得中标的情况而提出质疑。N招标公司收到质疑材料后，通知C公司提交认证材料，C公司未提供招标文件所需相关技术参数的认证材料。10月11日，N招标公司组织审查并考虑：根据相关法律和有效证据，C公司在招标阶段提供虚假材料，建议C公司中标无效。随后，购买者H中心向财政部门提交了一份举报报告。

[**案例分析**] 在这种情况下，供应商因知道招标产品不符合招标文件的技术参数，打算通过修改招标文件中的产品参数来满足招标要求，该行为是典型的"提供虚假材料"。这种行为违反了《中华人民共和国政府采购法》第三条的诚信原则，诚信原则是供应商生存的基础。产品的技术参数是产品性能的描述，直接决定产品能否满足购买者的实际需求。如果供应商以虚假数据中标，一方面剥夺了其他投标人的投标机会，导致其他投标人不公平；另一方面，也使得购买者无法获得真正符合要求的产品，从而侵犯他们的合法权益。

综上，财政部门做出处理决定如下：C公司的行为构成了提供虚假材料谋取中标。根据《中华人民共和国政府采购法》第七十七条规定，决定该项目的投标无效，C公司将被罚款千分之五的购买金额，列入不良行为记录清单，一年内不得参与政府采购活动。

（三）超标采购屡禁不止

[**典型案例**] 据 2018 年 5 月份××省政府采购网公布的采购公告，××市农业局原定于 5 月 31 日 13 时 20 分在市采购中心将此次采购的一台"iPad3 4G 版"（含原装皮套）进行公开招标。

××都市报记者在向××省××市采购中心的工作人员了解到，对于此次采购中心之所以未进行申报何种器材的审核工作，是因为农业局内部已经进行了审核，因而不再重复审核。另外该工作人员还透露采购中心已对采购的参数问题以及采购资金是否充足进行了审核查看。××都市报记者还在××市农业局发展办张副处长的采访中了解到，这次采购的 iPad3 是为解决农业局土地勘测组"农林一体化"问题。然而据其中一个工作人员透露："这个 4G 版的 iPad3 个头比较小，拿起来比较方便，最主要的优点就是待机超长，正好解决了农业用地和林业用地统一规划以及相关资源勘探的二类调查，大大方便了勘探小组长期的野外作业。"据这位工作人员介绍，在野外勘探需要采集一些数据坐标和图像，并将数据传输到 iPad3 上，在这个传输过程用的是 USB 接口和邮件传输，但这位工作人员并不知道这款 iPad3 4G 版当时还未进入中国市场，而且××都市报记者查证这款 iPad3 4G 版没有 USB 接口，并不能传输这个存储数据。

政府在采购中遇到的标准和规格与原定不符的问题层出不穷，其根本原因就是相关制度还不够完善。

（四）人为操纵采购环节

[**典型案例**] 某省采购中心从 20××年起每年接受省教育厅"全省义务教育阶段学生的录音带"的政府采购委托，4 年委托采购预算中心共计 23 480 万元，实际成交金额 23 125 万元，是一笔不小的政府采购资金，但出现了以下问题：

（1）这个项目标的很高，因此必须采用公开招标的方式采购，但 4 年来，每年只有一家供应商符合招标文件规定的资格条件——"投标人必须在中英文演讲刊物（电子教育电子音像出版社）中获得该项目的授权"。该资格条件具有明显的方向性，排除了其他供应商参与竞争的可能性。如果要公平、公正招标，可由省教育厅购买版权授予中标人制作磁带，这样凡是能够做磁带的供应商都可参与投标，但采购方不愿意，采购中心也无能为力。

（2）因只有一家供应商符合资格条件，于是这个项目4年来都是同一供应商——省电化教育馆中标，而电化教育馆是省教育厅的下属单位。4年省教育厅共支付了23 125万元给下属单位省电化教育馆，采购人通过政府采购这一合法的手段，达到了向下属单位支付款项的目的。

归纳起来讲：省教育厅4年花23 125万元钱购买学生录音带，但排除其他供应商参与竞争，让自己下属单位中标，钱拨给了下属单位；省电化教育馆每年将中标的学生录音带转包给江南磁带公司生产灌录，自己无须任何付出每年净赚5 500万元；省教育厅4年花了23 125万元买磁带，但磁带有没有免费发放到学生手中并无监督，学生是否需要磁带也不清楚。省教育厅在关键采购环节进行人为操控，看似完整的政府采购程序为该项业务披上了合法的外衣，此举显然违背了制度设计的初衷。

（五）采购相关日期期限不明确

[典型案例] 2018年9月，购买者M医院委托N招标公司作为特殊医疗器械的公开招标代理人。由于医疗器械是M医院急需的设备，医院领导非常重视采购工作，必须以最高效率完成，确保设备在预定时间安装并投入临床使用。接受委托后，N招标公司立即向M医院确认了采购要求，并按照M医院提供的技术标准和投标人的要求完成了招标文件。在M医院确认招标文件后，招标公告于9月27日发布，招标文件也同时发布，截止到10月10日，在招标文件中，A、B、C和D四家公司购买了招标文件。

10月9日，N招标公司接到D公司提出的质疑，称D公司因为国庆节前项目太多，耽误了购买招标文件。10月8日上班后，D立即前往N招标公司购买招标文件，但该项目招标的截止日期太短。D公司不可能在一天内完成招标文件的编制，并要求N竞标公司延长投标截止日期。受到质疑后，N招标公司回应了M医院。N招标公司根据M医院的意见回答了该问题，由于该项目的采购时间紧急，招标的截止日期不能延长；此外，D公司由于其自身原因未在9月份购买招标文件，导致没有足够的时间准备招标文件。D公司对N招标公司的质疑答复不满意，并向财政部门提出投诉。

[案例分析]《中华人民共和国政府采购法》第三十五条明确规定："以招标方式采购货物、服务的，自招标文件签发之日起至投标人提交招标文件的截止日期止，不得少于二十日。"本案招标文件自9月27日发布至10月10日截止，共计13天，与法定的20天时间相差甚远。

根据财政部 2022 年发布的《政府采购质疑和投诉办法》(财政部令第94 号)第三十二条规定:

"投诉人对采购过程或者采购结果提起的投诉事项,财政部门经查证属实的,应当认定投诉事项成立。经认定成立的投诉事项不影响采购结果的,继续开展采购活动;影响或者可能影响采购结果的,财政部门按照下列情况处理:①未确定中标或者成交供应商的,责令重新开展采购活动。②已确定中标或者成交供应商但尚未签订政府采购合同的,认定中标或者成交结果无效。合格供应商符合法定数量时,可以从合格的中标或者成交候选人中另行确定中标或者成交供应商的,应当要求采购人依法另行确定中标、成交供应商;否则责令重新开展采购活动。"

综上,财政部门做出处理决定:本项目违反了《中华人民共和国政府采购法》第三十五条规定,根据《政府采购质疑和投诉办法》(财政部令第 94 号)第三十二条规定,认定采购行为是非法的,责令采购人重新开展采购活动。

(六)政府采购串标围标形式多样

[典型案例]

1. 投标文件相似

在采矿工程项目的投标过程中,评委发现两个投标单位的投标文件中的商业部分,单价与总价不仅是一致的,而且同一地点出现相同的计算误差。这是典型的串通投标行为。

2. 参与投标的 40 多家企业实际控制人相同

某市城际铁路景观工程开展了一次公开招标,在政府采购中心公布的项目要求中,最终有 60 家企业实际参与了招标,中标的是最接近平均价格的供应商。几个月后,参与投标的铁路维护公司的人透露,参与投标的 60 家供应商中竟有 40 多家企业的实际控制人相同。

3. 企业激励代理商备受质疑

一个国际知名品牌在购买服务器、存储设备和其他网络产品后,在投标、评估和校准程序后依然未能中标。制造商的地区代表提出了一个书面问题,项目经理回复他,这不是项目的直接参与者,而且不是购买者,没有权利提出质疑。第二日,采购中心收到了代表品牌产品的所有参与项目投标的供应商的询问信。信函格式相同,内容与前制造商代表的书面询问也相同。甚至一些供应商表示,他们提交的这封质疑信也是被迫的。一般更大的定价权都掌握在制造商的地区代表手里，对经销商来说，他们是名副其实的"帝国部长"。由于区域代表能够说服所有经销商对投标结果提出疑问，因此每个经销商的投标报价在投标之前商定好也是有可能的。

4. 共同提高供货商议价

某高校购买了一批台式电脑，该校对名牌电脑非常感兴趣，根据供应管理协定的规定，直接向该协定的供应商询价。五家该品牌经销商分别报价，单价均超过 4 300 元，并商定省内供应价格为 5 000 元。校方上网询问了价格后，认为价格太高，于是向采购中心询问此事。采购中心又派人去询问这些分销商（不告知分销商采购单位名称）。询价结果比该高校询问价格低得多，平均价格为 3 800 元。此例说明，在政府采购活动中分销商共同提高供货商供应价格是制造商或分销商常用的控制方法。

（七）政府采购合同文本要素不全

目前，行政事业单位许多合同的基本要素都不完整。根据《中华人民共和国合同法》规定，合同必须包含当事人的名称或住所、标的、价款、履行的期限、违约责任等十大要素。如果双方的法定代表人和负责人签订了购买设备合同，但是没有加盖公章或合同专用章，那上述行为就不能代表该单位的行为。

（八）合同执行不力的消极后果

一些行政事业单位未有力执行经济合同。行政事业单位与其下属的员工食堂签约，并在逐层评估后与相关承包商签订食堂承包合同，合同规定承包商将按时支付水电费。直到缴费机构上门催缴，单位才得知合同没有被实际执行。保险外包合同签订后，价格列入国家保险费，实际上，对方甚至没有申请保险登记。可以看出，单位对合同执行缺乏监督，影响了相关业务的正常发展。

（九）政府采购项目信息披露不明确

[**典型案例**] 在 2018 年 4 月，采购局委托采购中心组织采购"设备采购项目"的公开招标。5 月 14 日，采购中心在采购方确认招标文件后，在政府采购网站上发布招标公告，并开始发售招标文件。包括 A 公司在内的总共 15 个供应商在 9 月 27 日的截止日期前按时提交了投标文件。采购方和投标方的代表参加了由采购中心组织的开标仪式。在开标仪式结束后，采购中心开展了评标工作，评标委员会由两名采购代表和五名随机挑选的技术经济专家组成。经评审，B 公司等 5 家投标方通过了此次的评标委员

会。在采购人确认评估结果后，采购中心宣布 B 公司最终在此次投标中胜出，并于 9 月 28 日发布中标公告。

宣布中标后，A 公司询问了采购方，说其投标价格是最低的，但是没有中标，并且中标结果在宣布后没有公布，这使得无法核实和确认评价结果。采购方回复说，评标采用综合评分法，价格只是评标因素之一，中标的不是最低报价，各投标人的评分情况依法保密。A 公司对这一询问的回答不满意，向财政部投诉。

［**案例分析**］供应商对政府采购项目在信息披露方面存在很大的误区，他们不知道采购商和采购机构可以披露哪些政府采购项目信息。根据《政府采购信息公告管理条例》（财政部令第 19 号）第八条，涉及国家机密、供应商商业秘密以及法律、行政法规规定应当保密的政府采购信息不可公开的，没有供应商具体得分情况的采购信息也不属于必须公开的范围。在这种情况下，投诉人认为应当向其公布的计分信息并非依法披露的内容，因此采购方和采购代理机构必须要履行应尽的保密义务。

（十）回应采购质疑问题

［**典型案例**］2018 年 6 月 30 日，X 招标公司受某研究所委托，对该所"信息系统设备采购安装工程"进行公开招标。8 月 14 日，招标方公布了招标工作的有关文件。8 月 14 日，X 招标公司在中国政府采购网发布招标活动公告，投标文件于 8 月 14 日至 8 月 20 日发售。三家供应商已购买此招标文件。投标截止日期为 12 月 10 日，三名投标人都按照招标文件规定的时间提交了投标文件。X 招标公司、采购商和投标代表出席了开幕式。通过评审，评标委员会根据各项指标的综合得分，向招标人建议 A 公司为招标人。在招标人确认了评标结果后，X 招标公司在中国政府采购网上发布了 A 公司中标公告。

随后，投标人 B 对此次评标结果表示质疑。认为在招标过程中，双方在同一水平下，B 报价相比中标者报价最低。如果按评分核算 B 公司的标价高于中标者，它应该中标。招标公司在收到询价后组织评审。12 月 22 日，X 招标公司在审查项目文件时通知中标人 A 公司的投标文件存在实质性问题，该项目的有效投标人少于三个，应视为报废投标。A 公司通过回信确认了他的询问。X 招标公司在 12 月 25 日发出了放弃投标的通知，并向 B 公司发出了询问复函。B 公司对这一询问的回复不满意，随后向财政部门投诉。

[案例分析] 在政府机构的招标活动中，采购方、采购代理机构和审查委员会应对这些问题给予具体回答。根据《中华人民共和国政府采购法》第五十三条，采购人应当在收到供应商的书面质疑后七个工作日内作出答复，并以书面形式通知质疑供应商和其他有关供应商，但答复的内容不得涉及商业秘密。《财政部关于进一步规范政府采购评审工作有关问题的通知》（财库〔2012〕69号）规定，涉及政府采购活动的供应商对评估过程或结果提出的质疑做出回应，采购方或采购代理机构可以组织评委会协助处理查询。根据上述规定，在政府采购活动中，采购商、采购代理机构和审查委员会必须对上述质疑的问题予以回复，无须回复质疑之外的问题。

第四节　资产业务内部控制建设

一、资产业务概述

资产是指行政事业单位占有或者使用的能以货币计量的经济资源，包括各种财产、债权和其他权利。

行政事业单位国有资产，主要包括行政事业单位使用国家财政性资金形成的资产，按照国家规定运用国有资产组织收入形成的资产，以及接受捐赠和其他经法律确认为国家所有的资产，主要表现形式为流动资产、固定资产、无形资产和对外投资等。行政事业单位国有资产管理的内容包括：资产配置、资产使用、资产处置、资产评估、产权界定、产权纠纷调处、产权登记、资产清查、资产统计报告和监督检查等。

二、资产业务的内部控制要求

（一）建立健全资产事项内部管理制度

单位应当建立健全资产事项内部管理制度，包括对资产实行分类管理、明晰适用范围、界定资产使用范围、合理设置岗位并明确职责权限，确保资产安全和使用高效。

1. 合理设置货币资金业务岗位

不得由一人办理货币资金业务的全过程，确保不相容岗位相互分离；出纳不得兼管稽核、会计档案保管和收入、支出、债权、债务账目的登记工作；严禁一人保管收付款项所需的全部印章，财务专用章应当由专人保管，个人名章应当由本人或其授权人员保管，负责保管印章的人员要单独配置保管设备，并做到人走柜锁；按照规定应当由有关负责人签字或盖章的，应当严格履行签字或盖章手续；加强对银行账户的管理，严格按照规定的审批程序开立、变更和撤销银行账户。

2. 加强货币资金的核查控制

指定不办理货币资金业务的会计人员定期和不定期抽查盘点库存现金，核对银行存款余额，抽查银行对账单、银行日记账及银行存款余额调节表，核对账实是否相符、账账是否相符；对调节不符、可能存在重大问题的未达账项应及时查明原因，并按照相关规定处理。

（二）加强对实物资产和无形资产的管理

明确相关部门和岗位的职责权限，强化对配置、使用和处置等关键环节的管控，实施归口管理；明确资产使用和保管责任人，落实相关人员在资产管理中的责任；贵重资产、危险资产、有保密等特殊要求的资产，应当指定专人保管、专人使用，并规定严格的接触限制条件和审批程序；按照国有资产管理相关规定，明确资产调剂、租借、对外投资、处置的程序、审批权限和责任；建立资产台账，加强资产实物管理，单位应当定期清查盘点资产，确保账实相符，财会、资产管理、资产使用部门或岗位应当定期对账，发现不符的情况，应及时查明原因，并按照相关规定处理；建立资产信息管理系统，做好资产的记录、分析等工作。

（三）加强对外投资的管理

合理设置岗位，明确职责权限，确保对外投资的可行性研究与评估、对外投资决策与执行等不相容岗位相互分离；单位的对外投资事项应当由领导班子集体研究决定；加强对投资项目的追踪管理，及时、全面、准确地记录对外投资的价值变动和投资收益情况；建立责任追究制度，对在对外投资中出现重大决策失误、未履行集体决策程序和不按规定执行对外投资业务的部门及人员，应当追究相应的责任。

三、资产业务关键控制流程及说明

根据《行政单位国有资产管理办法暂行条例》（财政部令第 35 号）和《事业单位国有资产管理办法暂行条例》（财政部令第 36 号）相关规定，行政事业单位国有资产管理的内容包括：资产配置、资产使用、资产处置、资产评估、产权界定、产权纠纷调、产权登记、资产清查、资产统计报告和监督检查等。其中较为重要的是资产配置、资产使用、资产处置、资产评估、产权登记及资产清查，控制流程如图4-10所示。

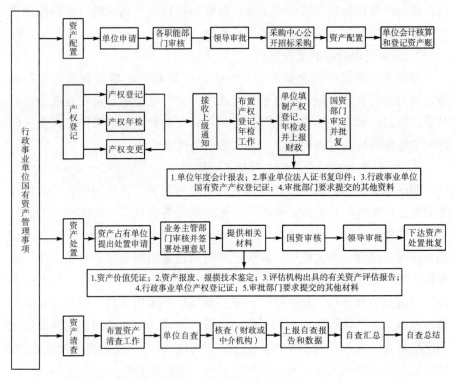

图4-10 资产控制流程

（一）关键流程的解释说明

1. 资产配置

《关于进一步规范和加强行政事业单位国有资产管理的指导意见》（财资〔2015〕90号）中指出"应当以单位履行职能和促进事业发展需要为基础，以资产功能与单位职能相匹配为基本条件，不得配置与单位履行职能无关的资产"，单位的资产管理部门会同财会部门审核资产存量，提出拟购置资产的品目、数量，经费额度须经单位领导审核同意后报同级财政部门审批，并及时报送相关材料。

资产管理部门应根据申请人报批项目编制资产使用计划并上报相关部门审批。资产领用应经主管领导审批，保管人员应及时对出库产品进行账务处理。办公所用资产应落实到使用人，发生人员离职情况时，离职人员所用资产应当按规定交回资产管理部门。行政事业单位应定期对资产使用和保管人员进行考核和监督，实行奖惩制度。

2. 产权登记

行政事业单位产权登记包括占有产权登记与年检、产权变更和产权注销。财政部负责组织实施中央级事业单位产权登记工作；地方各级财政部门负责组织实施本级事业单位产权登记工作；中央垂直管理部门所属事业单位的产权登记工作需要主管部门审核，财政部进行办理。

3. 资产处置

发生需要进行资产处置的情况时，应由资产使用部门提出资产处置申请，资产管理部门根据掌握的有关资产处置的信息，对资产的使用年限、账面价值等情况进行综合分析，初步提出处置意见。财会部门根据初步处置意见，查对有关明细账和有效凭证，提出财务意见，技术部门从技术角度对资产的可用性、损耗程度等方面进行技术测评并提出专业意见，单位领导班子参考上述意见做出审批决定。

4. 资产清查

单位应根据资产清查组织主体不同，分别按照以下程序进行：

（1）由各级政府及其财政部门组织开展的资产清查工作。由各级政府及其财政部门统一部署，行政事业单位在主管部门、同级财政部门的监督指导下明确本单位资产清查工作机构，并制定资产清查工作实施方案，根据方案组织清查，必要时可委托社会中介机构对清查结果进行专项审计，形成的资产清查报告按规定逐级上报。财政部门和主管部门对报送的资产清查结果进行审核确认。

（2）由各主管部门组织开展的资产清查工作。主管部门应当向同级财政部门提出资产清查立项申请，说明资产清查相关内容，经同级财政部门同意立项后，行政事业单位明确资产清查工作机构，制定资产清查工作实施方案，根据方案组织清查，必要时可委托社会中介机构对清查结果进行专项审计，形成的资产清查报告按规定逐级上报。

（3）由行政事业单位组织开展的资产清查工作。行政事业单位应当向主管部门提出资产清查立项申请，说明资产清查相关内容，经主管部门同意立项后，在主管部门的监督指导下明确本单位资产清查工作机构，制定实施方案，根据方案组织清查，必要时可委托社会中介机构对清查结果进行专项审计，形成的资产清查报告按规定逐级上报至主管部门审核确认。

在以上资产管理体系的内容中，资产主要表现为流动资产、固定资产、无形资产和对外投资等，涉及的主要业务有货币资金业务、实物资产和无形资产业务、对外投资业务，在业务操作中也是资产易产生风险之处，因此这三部分是业务资产管理业务中的关键控制点。

（二）货币资金业务控制

1. 货币资金概述

货币资金是指以货币形态存在的资金，按用途分为库存现金、银行存款以及其他货币性资金等；此外，由于分散采购支出和另行支出采取财政授权支付方式，零余额账户用款额度也是行政事业单位货币资金的重要组成部分。货币资金业务包括资金收入业务和资金支出业务。在实行国库集中支付制度以后，货币资金收入业务主要包括依法取得的应当上缴国库或财政专户的收入，而罚款收入、行政事业性收费、政府性基金等不作为单位收入的资金应当上缴国库或财政专户。货币资金支出业务需要经过申请、审核、批复、付款、记账、对账等环节。此外，货币资金业务还包括印章使用管理，主要包括用印章申请、用印章审批和盖章等环节。

2. 相关法规条款

根据财政部 2012 年发布的《行政事业单位内部控制规范（试行）》（财会〔2012〕21 号）第四十三条规定：

"单位应当加强货币资金的核查控制。指定不办理货币资金业务的会计人员定期和不定期抽查盘点库存现金，核对银行存款余额，抽查银行对账单、银行日记账及银行存款余额调节表，核对是否账实相符、账账相符。对账实不符、可能存在重大问题的未达账项应当及时查明原因，并按照相关规定处理。"

3. 关键环节控制

（1）支付申请控制

当业务部门发生资金支出时，应由经办人员填写支付申请交由负责人审批，申请中应注明支出款项的用途、金额、预算和支付方式等内容，并附相关证明，对不符合规定的支付申请，审批人应将审批单返还经办人员。

（2）支付审核与批复控制

资金支付申请实行分级授权审批制度，首先财会部门审核岗位审核资金支付申请，之后交由负责人审批，对于超过负责人授权金额的支付申请提交给单位分管财务领导进行审批。如果某一级审核不通过，应在资金支付申请注明原因并退回上一级。审核内容包括支付申请的审批程序是否正确、相关凭证是否齐全、金额计算是否准确、支付方式是否妥当等。

（3）付账与记账控制

出纳岗收取已通过审批手续的资金支付申请，按规定方式支付资金，并开具收据让经办人员签字确认。会计岗根据出纳转来的资金支付申请凭证、收据和银行回单进行账务登记。审核岗领取银行对账单，核对银行存款账面余额和银行对账单余额，编制银行存款月调节表，督促会计岗与出纳岗定期对账，定期和不定期抽查或盘点单位库存现金。

（4）印章使用管理控制

发生需要使用印章情况时，首先由使用印章人员填写书面使用申请，说明使用理由、起止时间、印章类型、印章枚数等相关信息；交由相关领导审批，审批通过后连同需用盖章的文件一同交予印章保管人员进行盖章，印章保管人员需仔细审核印章使用申请里注明的事项和相关批示。确认符合印章使用流程，填写印章使用登记簿，注明印章使用理由、使用对象、盖章时间等并由印章使用人员签字确认，登记完毕才可盖章，若印章保管人员认为不符合印章使用流程，可拒绝盖章。

（三）实物资产业务控制

1. 实物资产概述

实物资产是指单位占有、使用的，在法律上确认为国家所有、能以货币计量的各种物料用品和低值易耗品等，主要包括固定资产和存货两类，对行政事业单位均适用。

根据《政府会计准则第 1 号——存货》（财会〔2016〕12 号）第二条规定：

"存货是指政府会计主体在开展业务活动及其他活动中为耗用或出售而储存的资产，如材料、产品、包装物和低值易耗品等，以及未达到固定资产标准的用具、装具、动植物等。"

根据《政府会计准则第 3 号——固定资产》（财会〔2016〕12 号）第二条规定：

"固定资产是指政府会计主体为满足自身开展业务活动或其他活动需

要而拥有的，使用年限超过1年（不含1年）、单位价值在规定标准以上，并在使用过程中基本保持原有物质形态的资产，一般包括房屋及建筑物、专用设备、通用设备等；或单位价值虽未达到规定标准，但是耐用时间在1年以上的大批同类物资，如图书、家具等，也可作为固定资产进行管理。"

实物资产业务一般包括实物资产取得和配置、实物资产使用维护和处置，具体可以细分为资产请购、采购、验收、领用、维修保养、转移调剂、清查盘点、报废等环节。

2. 相关法规条款

根据财政部 2012 年发布的《行政事业单位内部控制规范（试行）》（财会〔2012〕21 号）第四十四条规定：

"单位应当加强对实物资产和无形资产的管理，明确相关部门和岗位的职责权限，强化对配置、使用和处置等关键环节的管控。

（一）对资产实施归口管理。明确资产使用和保管责任人，落实资产使用人在资产管理中的责任。贵重资产、危险资产、有保密等特殊要求的资产，应当指定专人保管、专人使用，并规定严格的接触限制条件和审批程序。

（二）按照国有资产管理相关规定，明确资产的调剂、租借、对外投资、处置的程序、审批权限和责任。

（三）建立资产台账，加强资产的实物管理。单位应当定期清查盘点资产，确保账实相符。财会、资产管理、资产使用等部门或岗位应当定期对账，发现不符的，应当及时查明原因，并按照相关规定处理。

（四）建立资产信息管理系统，做好资产的统计、报告、分析工作，实现对资产的动态管理。"

3. 关键环节控制

（1）预算及请购控制

申请购建实物资产前，各部门应在考虑国家有关资产配置标准和预算额度的基础上购建资产。首先业务部门制订资产购进计划同时编写资产购置预算执行申请。资产购进计划先交由资产管理部门审核，之后交由财会部门负责人审核，然后提交分管财务单位领导进行审批，最后交给分管业务的单位领导审批。资产购置预算执行申请先交由财会部门负责人审核，之后提交分管财务单位领导进行审批，最后交给分管业务的单位领导审批。

（2）采购及验收控制

资产管理部门根据已批准的采购计划和采购执行申请组织实施实物资产的采购。采用政府采购方式采购实物资产时，应统一由采购主管部门组织采购，业务部门组织验收并填制验收单。资产管理部门对验收完成的资产登记资产台账，定期和业务部门核对资产的使用情况。同时财会部门需将预期资产采购预算与实际采购情况进行比对、核实资产供应商付款情况、进行会计处理并且定期与资产管理部门进行对账。

（3）内部领用控制

单位内部领用实物资产时，由业务部门填写资产领用申请单，交由业务部门负责人审批，再提交资产管理部门进行审核，审核不通过则驳回资产领用申请。资产管理部门办理资产领用时应先检查实物资产是否完好，之后办理领用手续，交付实物资产，同时填写实物资产领用登记簿并报财会部门进行会计记录。

（4）固定资产维修保养控制

当发生固定资产需要维修保养的情况时，业务部门根据实际情况填写维修保养单据并交由资产管理部门进行审批，审批不通过的维修保养单据会退回给业务部门。针对固定资产的日常维修保养，资产管理部门安排相关人员负责实施。若发生固定资产大修的情况，资产管理部门汇总业务部门提交的大修计划报分管资产业务领导审批，审批通过后安排实施。

（5）资产出售业务控制

当单位需要出售实物资产时，由资产管理部门清点拟出售资产，并向主管部门提交资产出售申请单，资产出售申请单应涵盖拟出售资产的名称、规格、型号、使用时间等事项，资产管理部门负责人对资产出售清单进行审核，通过后报分管资产业务领导进行审批，分管资产业务领导审批通过后递交资产评估机构进行评估并确定最终出售价格。对于授权范围内的资产出售，出售申请单和价格评估报告应一起返回给单位的资产管理部门，对于超越审批权限的资产出售，单位收到价格评估报告后，应将其和出售申请单一同提交财政部门进行审批。

根据财政部 2006 年发布的《事业单位国有资产管理办法暂行办法》（财政部令第 36 号）第二十八条规定：

"事业单位国有资产处置应当遵循公开、公正、公平的原则，当出售、出让、转让、变卖资产数量较多或者价值较高的，应当通过拍卖等市场竞价方式公开处置。"

资产管理部门应当根据资产变化情况对资产信息进行调整，相关合同和文件应当与其他资料一并提交财会部门进行账务处理。

（6）资产报废控制

发生资产报废的情况时，业务部门应先清理拟报废资产，并向资产管理部门提交资产报废申请单。报废申请单应当一式三份，一份由审批人留底备案，一份作为执行报废工作的授权证明，一份交由财会部门进行备案。资产管理部门应牵头组建专家组，专家组应至少包含来自财会部门和业务部门的成员，由专家组对拟报废资产进行价值评估，同时对资产报废原因和责任进行分析并形成报告，分管资产业务领导对专家组评估及分析结果进行审批，并将审批结果反馈给资产管理部门。若资产报废申请通过，资产管理部门应及时对拟报废资产进行报废处理，同时将资产处理结果提交财会部门进行账务处理。

（7）存货管理控制

存货管理的起点是存货入库。当进行存货入库时，资产管理部门存货保管岗需验收入库并登记存货管理台账，审批岗对验收入库的存货情况进行审核，财会部门根据入库情况登记存货明细账。业务部门领用存货时，先填写存货领用申请，之后交由资产管理部门审批岗审批，审批通过后资产管理部门存货保管岗根据提交的存货领用申请发出存货，并由业务部门签字确认并保存凭据，登记存货发出。期末资产管理部门审批岗应当监督存货盘点过程，并填写存货盘点登记表，核对存货盘点登记表与存货管理台账，如有差异，分析原因并明确责任，及时提出差异处理意见，财会部门根据盘点登记表，及时登记存货明细账。

（四）无形资产业务控制

1. 无形资产概述

根据财政部 2016 年发布的《政府会计准则第 4 号——无形资产》（财会〔2016〕12 号）第二条规定：

"无形资产是指政府会计主体控制的没有实物形态的可辨认非货币性资产，如专利权、商标权、著作权、土地使用权、非专利技术等。"

满足下列两个条件之一的，即符合无形资产定义中的可辨认性标准：

（1）能够从政府会计主体中分离或者划分出来，并能够单独或者与相关合同、资产或负债一起，用于出售、转移、授予许可、租赁或者交换。

（2）源自合同性权利或其他法定权利，无论这些权利是否可以从政府会计主体或者其他权利和义务中转移或者分离。

该定义对行政单位和事业单位都适用，无形资产业务一般包括无形资产的取得、使用和处置。

2. 相关法规条款

根据财政部 2012 年发布的《行政事业单位内部控制规范（试行）》（财会〔2012〕21 号）第四十四条规定：

"单位应当加强对实物资产和无形资产的管理，明确相关部门和岗位的职责权限，强化对配置、使用和处置等关键环节的管控。

（一）对资产实施归口管理。明确资产使用和保管责任人，落实资产使用人在资产管理中的责任。贵重资产、危险资产、有保密等特殊要求的资产，应当指定专人保管、专人使用，并规定严格的接触限制条件和审批程序。

（二）按照国有资产管理相关规定，明确资产的调剂、租借、对外投资、处置的程序、审批权限和责任。

（三）建立资产台账，加强资产的实物管理。单位应当定期清查盘点资产，确保账实相符。财会、资产管理、资产使用等部门或岗位应当定期对账，发现不符的，应当及时查明原因，并按照相关规定处理。

（四）建立资产信息管理系统，做好资产的统计、报告、分析工作，实现对资产的动态管理。"

3. 关键环节控制

（1）资产配置控制

无形资产的合理配置是以预算为起点，以保障需求、节俭适用、节能环保、从严控制为原则，通过自行研发、购买、调剂、租赁、受赠、投资者投入等方式取得无形资产，组织无形资产验收，确定无形资产权属关系。

（2）资产运用控制

无形资产的运用应以提高使用效率为原则，避免发生利用无形资产进行对外投资或者提供担保等随意行为。

（3）日常管理控制

无形资产的日常管理应该注重资产账卡和制度管理并行，将管理责任落实到人，实行岗位问责，防止无形资产的非正常损失和浪费，具体包括无形资产登记、使用、权益维护、费用摊销等，并通过定期评估无形资产的先进性和有效性，及时对无形资产进行升级更新。

（4）资产处置控制

无形资产的处置应该遵循公平、公开、公正和竞争、择优的原则，通过组织评估鉴定其价值和履行严格审批程序，实施无形资产处置并进行相应账务处理和资料归档。

（五）对外投资业务控制

1. 对外投资概述

根据财政部于2016年发布的《政府会计准则第2号——投资》（财会〔2016〕12号）第二条规定：

"投资是指政府会计主体按规定以货币资金、实物资产、无形资产等方式形成的债权或股权投资。"

投资分为短期投资和长期投资，其中，短期投资是指政府会计主体取得的持有时间不超过1年（含1年）的投资；长期投资是指政府会计主体取得的除短期投资以外的债权和股份性质的投资。根据《行政单位国有资产暂行管理办法》（财政部令第35号）、《事业单位国有资产暂行管理办法》（财政部令第36号）、《中央级事业单位国有资产使用管理暂行办法》（财教〔2009〕192号）等相关政策规定，行政单位对外投资仅限于债权投资（仅限国债），事业单位对外投资包括债权投资和股权投资。

2. 相关法规条款

根据财政部2012年发布的《行政事业单位内部控制规范（试行）》（财会〔2012〕21号）第四十五条规定：

"单位应当根据国家有关规定加强对对外投资的管理：

（一）合理设置岗位，明确相关岗位的职责权限，确保对外投资的可行性研究与评估、对外投资决策与执行、对外投资处置的审批与执行等不相容岗位相互分离。

（二）单位对外投资，应当由单位领导班子集体研究决定。

（三）加强对投资项目的追踪管理，及时、全面、准确地记录对外投资的价值变动和投资收益情况。

（四）建立责任追究制度。对在对外投资中出现重大决策失误、未履行集体决策程序和不按规定执行对外投资业务的部门及人员，应当追究相应的责任。"

3. 关键环节控制

（1）投资意向可行性研究

行政事业单位投资管理部门需要根据国家投资法律法规、国有资产管理规定、社会需要和单位发展战略等，结合单位实际情况，合理安排资金投放结构，提出对外投资初步意向。指定专业人员，对投资意向进行准确详细的可行性研究，并编制对外投资可行性研究报告，制定投资方案。

（2）部门审批控制

投资项目的可行性研究报告和投资方案应通过集体决议进行论证，决定是否对投资项目进行立项审批。审批通过，指定相关人员准备材料，按规定程序报经主管部门或政府有关部门对投资项目进行立项审批。

（3）制订和执行投资计划

根据审批通过的投资方案，单位应成立相关工作小组并确定责任人编制详细的投资计划，落实不同阶段的资金投资数量、投资具体内容等，按程序报经有关部门批准执行。

（4）投资活动监督检查

监督检查工作贯穿投资活动的始终，单位应指定机构或专门人员定期检查对外投资业务的管理情况，明确对外投资业务的管控重点。

（5）投资活动评价

对外投资活动完成后，单位需对投资业务进行总体评价，包括评价投资对象选择的合理性、技术和经济论证的充分性、出资方式选择的正确性、投资资产价值评估的准确性等，及时发现问题和缺陷，有利于促进对外投资内部控制的发展。

（六）资产管理业务流程

如图 4-11 是某行政单位资产管理业务流程图。

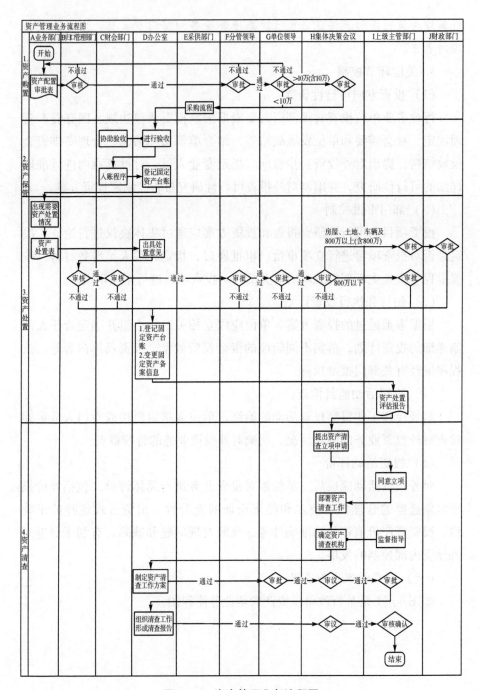

图 4-11　资产管理业务流程图

表 4-2　资产管理流程节点说明表

资产管理流程节点	流程简要说明
1	业务部门填写资产购置审批表
2	对于资产购置，由归口管理部门负责人审核
3	经分管领导审批
4	经单位领导审批
5	10 万元以下的购置由单位领导审批后，采供部门直接根据采购流程要求进行采购（根据金额确定是零星采购还是大宗物资采购）
6	10 万以上（含 10 万元）的购置由单位领导审批后，需上会进行集体决策审批，再由采供部门根据采购流程要求进行采购（根据金额确定是零星采购还是大宗物资采购）
7	办公室对采购资产进行验收，财会部门协助验收
8	财会部门对各部门的资产情况通过入账流程进行入账
9	办公室登记固定资产台账
10	出现需要资产处置情况
11	业务部门提交资产处置表
12	办公室出具处置意见，业务部门归口管理部门负责人审批
13	财会部门审批
14	经分管领导审批
15	经单位领导审批
16	房屋、土地、车辆及 800 万元以上（含 800 万元）经集体决策会议审议后，上级主管部门审核，财政部门审批；800 万元以下，经集体决策会议审议后，上级主管部门审批
17	办公室登记固定资产台账，变更固定资产备案信息
18	上级主管部门出具资产处置评估报告
19	集体决策会议提出资产清查立项申请
20	上级主管部门同意立项
21	集体决策会议部署资产清查工作
22	集体决策会议确定资产清查机构，上级主管部门监督指导
23	办公室制定资产清查工作方案
24	经单位领导审批
25	经集体决策会议审议
26	经上级主管部门审批
27	办公室组织清查工作并形成清查报告
28	经集体决策会议审议
29	经上级主管部门审核确认

四、资产业务的主要风险点及控制措施

（一）货币资金业务

1. 主要风险点

（1）财会部门未实现不相容岗位相互分离。出纳人员既办理资金支付又经管账务处理，由一人保管收付款项所需的全部印章，可能带来货币资金被贪污挪用的风险。

（2）资金支付申请程序不规范或审批不严格，大额资金支付未采取集体决策和分级审批，可能导致出现资金被非法套取或者被挪用的情况。

（3）货币资金的核查控制不严，未建立定期、不定期抽查核对库存现金和银行存款余额的制度，可能出现货币资金被贪污挪用的情况。

（4）未按照有关规定加强银行账户管理，出租、出借银行账户，可能为一些违规事项的产生提供机会，导致单位利益受损。

2. 控制措施

（1）不相容岗位分离。单位应当建立健全货币资金管理岗位责任制，合理设置岗位，不得由一人办理货币资金业务的全过程，确保不相容岗位相互分离。主要包括如下几方面：

一是加强出纳人员管理。任用出纳人员之前对其职业道德、业务能力等方面进行必要调查，确保其具备从事出纳工作的职业道德水平和业务能力。出纳不得兼管稽核、会计档案保管和收入、支出、债权、债务账目的登记工作。

二是加强印章管理。严禁一人保管收付款项所需的全部印章。财务专用章应当由专人保管，个人名章应当由本人或其授权人员保管。负责保管印章的人员要配置单独的保管设备，并做到人走柜锁。

三是加强签章管理。按照规定应当由有关负责人签字或盖章的，应当严格履行签字或盖章手续。

（2）单位应当建立货币资金授权制度和审核批准制度。明确有关货币资金的授权批准方式、权限、程序、责任和相关控制措施。审批人应当根据货币资金授权批准制度的规定，在授权范围内进行审批，不得超越权限审批。大额资金支付审批应当实行单位领导集体决策制度。经办人应当在职责范围内，按照批准意见办理货币资金业务。对于超越授权范围审批的货币资金业务，经办人有权拒绝办理。

（3）单位应当加强对银行账户的管理。严格按照规定的审批权限和程序开立、变更和撤销银行账户，禁止出租、出借银行账户。

（4）单位应当指定不办理货币资金业务的会计人员定期和不定期抽查盘点库存现金，核对银行存款余额，抽查银行对账单、银行日记账及银行存款余额调节表，核对是否账账相符、账实相符。对账实不符、账账不符、可能存在重大问题的未达账项应当及时查明原因，并按照相关规定处理。

（二）实物资产与无形资产管理

1. 主要风险点

（1）资产管理人员职责不清，没有明确资产的使用和保管责任，可能带来资产毁损、流失或被盗的风险。

（2）针对资产领用与发出缺乏严格登记审批制度和未建立资产台账和定期盘点制度，可能导致资产流失、资产信息失真、账实不符等情况出现。

（3）未按照国有资产管理相关规定办理资产的调剂、租借、对外投资、处置等业务，可能导致资产配备超标、资源浪费、资产流失等情况发生。

（4）资产长期闲置、日常维护不当，可能导致资产流失、使用效率低下的风险。

（5）未对应当投保的资产办理投保，不能有效防范资产损失的风险。

2. 控制措施

（1）明确单位的资产归口管理部门，包括办公室负责办公用品，基建部门负责工程物资等。

（2）明确资产使用人和保管责任人，落实资产使用人在资产管理中的责任。对于固定资产，应当建立卡片账（实行信息化管理需按信息系统要求处理），固定资产卡片应详细记录资产使用人、购买日期、使用寿命、资产价值等内容。贵重资产、危险资产、有保密等特殊要求的资产，单位应当指定专人保管、专人使用，并规定严格的接触限制条件和审批程序。

（3）按照国有资产管理相关规定，明确资产的调剂、租借、对外投资、处置的程序、审批权限和责任。

（4）建立资产台账，加强资产的实物管理。单位应当定期清查盘点资产，确保账实相符。财会、资产管理、资产使用部门或岗位应当定期对账，发现账实不符的，应当及时查明原因，并按照相关规定处理。

（5）建立资产信息管理系统，做好资产的统计、报告、分析工作，实现资产的动态管理。

（三）对外投资业务

1. 主要风险点

（1）未按国家有关规定进行投资，可能导致出现对外投资失控、国有资产发生重大损失甚至舞弊等情况。

（2）对外投资决策程序不当，发生未经单位领导班子集体决策、缺乏充分可行性论证、超过单位资金实力进行投资等事项，可能导致投资失败，增加财务风险。

（3）未明确管理责任和建立科学有效的资产保管制度，未加强对投资项目的事前、事中、事后追踪管理，可能导致对外投资被侵吞或者严重亏损。

2. 控制措施

（1）立项控制。单位应当明确对外投资的管理部门，管理部门及其人员应具备相关的经验和能力；审慎选择对外投资项目，保证对外投资项目符合国家产业政策、单位目标实现和社会需要；对项目可行性要进行严格周密论证，组织专家或者相关中介机构对拟立项的对外投资项目进行分析论证；财会部门要对投资项目所需资金、预期收益以及投资的安全性等进行测算和分析，确保投资有资金保障。

（2）决策控制。单位对外投资应当由单位领导班子集体研究决定后，按国家有关规定履行报批手续。单位应派相关人员对决策过程中提出的各种意见进行详细记录并妥善保存，以便明确决策责任。

（3）实施控制。投资立项通过以后，应编制投资计划，严格按照确定的计划明确投资项目、进度、时间、金额和方式投出资产。单位若需要提前或延迟投出资产、变更投资额、改变投资方式、中止投资等，应当经单位领导班子审批。

（4）追踪管理。单位应当对投资项目进行跟踪管理，及时掌握被投资单位的财务状况和经营情况，加强对投资项目的会计核算，及时、全面、准确地记录对外投资的价值变动和投资收益情况。

（5）建立责任追究制度。针对在对外投资过程中出现的重大决策失误、未履行集体决策程序和不按规定执行对外投资业务的部门及人员，应追究相应责任。

五、案例及常见问题

[**典型案例**] 20××年资产清查与整顿中，发现 A 市某行政事业单位存在以下问题：

（一）单位历年来按 5 000 元/台的价格共购置了 50 台电脑，尽管部分电脑使用多年，处置价格可能很低，但在财务账面上金额却体现资产价值 750 000 元。

（二）单位在岗在编 75 人，单位的资产购置、调剂、使用、台账登记都交由机关后勤服务中心来管理，截至年底盘点机关在用的固定资产，实际只有 75 台电脑在用，但财务账面却显示 100 台电脑。通过沟通了解，发现后勤服务中心在资产更新购置的同时处置报废部分电脑，但未及时与财会部门沟通，导致未进行账务处理，因此发生账实差距越来越大的情况。

（三）同在某厅大院办公的下属事业单位，其中一个单位在编 12 人，占用办公楼面积 868.03 平方米，人均约 72 平方米。另一个单位在编 10 人，占用办公楼面积 1 665.28 平方米，人均约 166.5 平方米。有些单位自建办公楼，办公环境好，配套设施全，冬暖夏凉，而有些单位因为办公楼年代久远，各方面设备都已老旧，不能正常工作，而且是"夏暖冬凉"。

（四）截止到 20××年 7 月 31 日，省机关事务管理局国有资产管理处共计清查了 12 个入迁省直单位资产办公用房权属，从产权权属分布来看，本次共清查房屋面积 148 077.44 平方米。其中，产权登记主体为省机关事务管理局的有 78 597.39 平方米，产权主体为其他省级机关的有 13 050.07 平方米，未登记产权主体的有 56 429.98 平方米，占总面积的 38.11%，其中，有一部分是门面。

[**案例分析**]

（一）一是历史上会计核算制度缺陷，根据财政部年印发的《行政单位会计制度》（财预字〔1998〕49 号）和《事业单位会计制度》（财预字〔1997〕288 号）规定，行政事业单位会计核算以收付实现制为基础，固定资产不计提折旧。二是缺乏合理的资产管理制度，导致行政事业性国有资产出现账实不符、"家底不清"的现象。

（二）同为机关工作人员，有些单位办公场地宽松，而有些单位办公场地紧张，甚至需要另外租用，各方面条件千差万别，国有资产配置上的不公平，导致了单位职工在待遇上存在"苦乐不均"现象。

（三）资产管理及处置比较混乱，一是无真正意义的房产和地产资产账可查，因为大部分房产和地产未办产权；二是使用效率低下，日常管理维护缺失。新建楼房不登记产权，导致房产管理上出现账务不符的情况。

第五节　建设项目业务内部控制建设

一、建设项目业务概述

根据国家标准 GB/T 50326-2017《建设工程项目管理规范》规定："建设工程项目是为完成依法立项的新建、扩建、改建工程而进行的、有起止日期的、达到规定要求的一组相互关联的受控活动，包括策划、勘察、设计、采购、施工、试运行、竣工验收和考核评价等阶段。"

建设项目是行政事业单位经济活动的重要组成部分，涉及预算、支出、政府采购、资产、合同等业务活动，对单位提供高质量公共服务和公共基础设施具有重大意义。

二、建设项目业务的内部控制要求

实施建设项目内部控制，既是行政事业单位业务层面内部控制的关键环节，也是单位维护自身合法权益、防范相关风险的重要方式。强化建设项目内部控制可以确保项目质量达到规定要求并如期完成，同时防止商业贿赂、贪污等现象的发生，有效提高单位的内部管理水平。

（一）建设项目内部控制的依据

建设项目内部控制依据见图 4-12 所示。《行政事业单位内部控制规范（试行）》（财会〔2012〕21 号）的第四十六条至第五十三条对建设项目内部控制各个方面进行了具体要求。《中华人民共和国建筑法》《中华人民共和国招标投标法》《中华人民共和国招标投标法实施条例》（国务院令第613 号）对建设项目其中一些环节进行了相应规定。

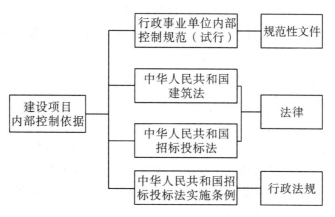

图 4-12　建设项目内部控制依据

（二）建设项目内部控制的基本要求

1. 建立健全建设项目内部管理制度

根据财政部 2012 年发布的《行政事业单位内部控制规范（试行）》（财会〔2012〕21 号）第四十六条规定：

"单位应当建立健全建设项目内部管理制度。"

随着近年来国家对行政事业单位内部控制建设工作的高度重视，很多单位开始制定并实施内部控制制度。在建设项目方面，大部分单位认为自身未肩负工程建设这一职能，因此对其报以不重视的态度。但实际上，很多单位都需开展建设项目业务活动。建设项目不能被简单粗暴地理解为建设大楼或新修公路，房屋修葺、管道铺设、室内装修以及其他任何关于建筑物的改造工作都属于建设项目范畴。因此行政事业单位应高度重视建设项目，建立健全建设项目内部控制制度。

2. 合理设置建设项目有关岗位

根据财政部 2012 年发布的《行政事业单位内部控制规范（试行）》（财会〔2012〕21 号）第四十六条规定：

"单位应当合理设置岗位，明确内部相关部门和岗位的职责权限，确保项目建议和可行性研究与项目决策、概预算编制与审核、项目实施与价款支付、竣工决算与竣工审计等不相容岗位相互分离。"

岗位权责界限不清或权力集中于个人，就会在决策时出现各种问题。明确建设项目管理岗位的职责与权限，强调权责对等意识，才可以避免"一言堂""面子工程"等现象的发生。

3. 建立与建设项目相关的议事决策机制

根据财政部 2012 年发布的《行政事业单位内部控制规范（试行）》（财会〔2012〕21 号）第四十七条规定：

"单位应当建立与建设项目相关的议事决策机制，严禁任何个人单独决策或者擅自改变集体决策意见。决策过程及各方面意见应当形成书面文件，与相关资料一同妥善归档保管。"

即使是不经常开展建设项目的单位，在需要开展建设项目时，也不能因为没有先例而把责任推到个别决策者身上，导致权力集中于个人的情况发生。因此需建立与建设项目相关的议事决策机制，严禁任何个人单独决策或者擅自改变集体决策意见。

4. 建立与建设项目相关的审核机制

根据财政部 2012 年发布的《行政事业单位内部控制规范（试行）》（财会〔2012〕21 号）第四十八条规定：

"单位应当建立与建设项目相关的审核机制。项目建议书、可行性研究报告、概预算、竣工决算报告等应当由单位内的规划、技术、财会、法律等相关工作人员或者根据国家有关规定委托具有相应资质的中介机构进行审核，出具评审意见。"

建设单位应当组织相关人员、中介机构或专家对重要项目文件进行充分论证和评审，并要求出具评审意见，作为项目决策的重要依据。在某些特殊的建设项目中，可以设置参与其中的重要部门或专业人员拥有一票否决权，以确保立项的可行性。

5. 建立招投标控制机制

（1）《中华人民共和国招标投标法》和《中华人民共和国招标投标法实施条例》的相关规定

根据《中华人民共和国招标投标法》第七条规定：

"招标投标活动及其当事人应当接受依法实施的监督。有关行政监督部门依法对招标投标活动实施监督，依法查处招标投标活动中的违法行为。"

根据国务院 2011 年发布的《中华人民共和国招标投标法实施条例》（国务院令第 613 号）第五十四条规定：

"依法必须进行招标的项目，招标人应当自收到评标报告之日起 3 日内公示中标候选人，公示期不得少于 3 日。

投标人或者其他利害关系人对依法必须进行招标的项目的评标结果有异议的，应当在中标候选人公示期间提出。招标人应当自收到异议之日起3日内作出答复；作出答复前，应当暂停招标投标活动。"

行政监督部门对招投标过程实施监督，不能只局限于监督招标活动现场。监督部门自身能力有限，与其他外部单位联合监督会起到更好效果。例如，与电信部门或银行部门联手进行监督审查，可以有效监督招投标过程中是否有人员违反回避原则，是否有异常的资金流动。

公开招标过程中需要建设单位自觉公布相关信息，在公布中标结果后，若其他未中标的投标人对评标过程有异议并发出询问，评标委员会应予以适当的解释说明。同时，监管部门也应对建设单位招标工作公布情况进行监督和督促，组织不定期审查，核实检查招标人、评标人与投标人之间有无利益关系，避免出现个人借职务之便牟取私利的情况发生。

（2）《行政事业单位内部控制规范（试行）》的相关规定

根据财政部 2012 年发布的《行政事业单位内部控制规范（试行）》（财会〔2012〕21 号）第四十九条规定：

"单位应当依据国家有关规定组织建设项目招标工作，并接受有关部门的监督。单位应当采取签订保密协议、限制接触等必要措施，确保标底编制、评标等工作在严格保密的情况下进行。"

保密协议应当明确规定哪些人员在哪些时间内对标底内容负有保密责任，一旦发生泄露将会面临怎样处罚。

6. 加强对项目资金的管理

根据财政部 2012 年发布的《行政事业单位内部控制规范（试行）》（财会〔2012〕21 号）第五十条规定：

"单位应当按照审批单位下达的投资计划和预算对建设项目资金实行专款专用，严禁截留、挪用和超批复内容使用资金。财会部门应当加强与建设项目承建单位的沟通，准确掌握建设进度，加强价款支付审核、按照规定办理价款结算。实行国库集中支付的建设项目，单位应当按照财政国库管理制度相关规定支付资金。"

建设单位应当安排专门人员负责资金管理工作，同时指定人员进行不定期审查，避免项目资金未落到实处的情况发生。同时，资金管理人员应定期对项目资金使用情况进行内部公示，避免个人掌握项目资金的情况发生。

7. 严格按照投资概算进行工程投资

根据财政部 2012 年发布的《行政事业单位内部控制规范（试行）》（财会〔2012〕21 号）第五十二条规定：

"经批准的投资概算是工程投资的最高限额，如有调整，应当按照国家有关规定报经批准。

单位建设项目工程洽商和设计变更应当按照有关规定履行相应的审批程序。"

单位应当严格按照批准后的投资概算进行工程建设，若建设过程中需进行调整，应按国家有关规定报经批准。

8. 选择恰当的监理单位

根据《中华人民共和国建筑法》第三十二条规定：

"建筑工程监理应当依照法律、行政法规及有关的技术标准、设计文件和建筑规模承包合同，对承包单位在施工质量、建设工期和建设资金使用等方面，代表建设单位实施监督。"

监理单位是否认真履行监理义务对工程质量和现场安全起着至关重要的作用，因此选择恰当的监理单位是建设项目内部控制的关键一环。建设项目应当实行严格的工程监理制度，委托经过招标确定的监理单位进行监理。监理单位应当依照国家法律法规及相关技术标准、设计文件和项目承包合同，对施工质量、工期、进度、安全和资金使用等方面实施监督。

9. 加强对项目档案的管理

根据财政部 2012 年发布的《行政事业单位内部控制规范（试行）》（财会〔2012〕21 号）第五十一条规定：

"单位应当加强对建设项目档案的管理。做好相关文件、材料的收集、整理、归档和保管工作。"

立项阶段的调研数据、项目建议书和可行性报告需妥善保管，招投标过程中的标底和评标文件、施工现场的进度和监理方记录、竣工验收时的决算和验收报告等文件都要进行收集、整理、归档并妥善保管。

10. 建立竣工决算控制机制

根据财政部 2012 年发布的《行政事业单位内部控制规范（试行）》（财会〔2012〕21 号）第五十三条规定：

"建设项目竣工后，单位应当按照规定的时限及时办理竣工决算，组织竣工决算审计，并根据批复的竣工决算和有关规定办理建设项目档案和资产移交等工作。

建设项目已实际投入使用但超时限未办理竣工决算的，单位应当根据对建设项目的实际投资暂估入账，转作相关资产管理。"

在办理移交手续时，建设单位应请专业人员协助验收，避免因验收时的识别不当产生质量问题和法律隐患。

三、建设项目业务关键控制流程及说明

行政事业单位建设项目主要包括五个关键控制流程：项目立项、工程设计与概预算、工程招标、工程实施、竣工验收与决算。见图4-13所示。

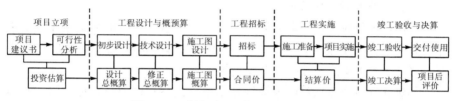

图4-13　建设项目业务关键控制流程

（一）项目立项

1. 流程图

项目立项流程见图4-14所示。

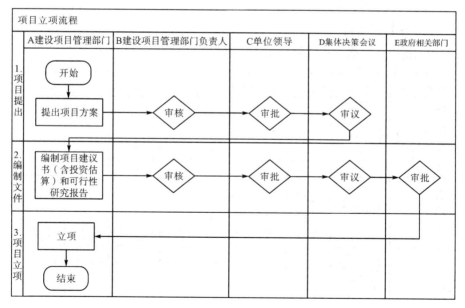

图4-14　项目立项流程

2. 要点说明

行政事业单位应设置专门的部门管理建设项目。建设项目管理部门要根据单位发展规划和年度预算内容，提出项目方案，编制项目建议书和可行性研究报告。

项目立项环节的设计要点主要有以下几点：

（1）建立立项环节的控制制度

单位应当建立建设项目立项环节的控制制度，对项目方案、项目建议书、可行性研究报告、项目决策程序等作出明确规定，并对可行性研究报告需要改动的情形进行严格详细的要求，确保项目决策的科学、合理。

（2）建立管理决策机制

①建设项目属于行政事业单位的重大经济事项，应由单位领导班子集体研究决定，采用集体研究、专家论证和技术咨询相结合的议事决策机制，严禁个人单独决策或擅自改变集体决策意见。

②建立针对建设项目的决策领导小组，设置建设项目管理部门，明确相关部门人员的责任与权限，并将权责落实到个人，严格遵循不相容岗位相分离的原则。

③建立与建设项目相关的审核制度，应当由具备相关技术和知识的专家参与审核，严格审核项目建议书是否合理、经济、可行，是否满足单位要求等。

（二）工程设计与概预算

1. 流程图项目

工程设计与概预算流程见图4-15所示。

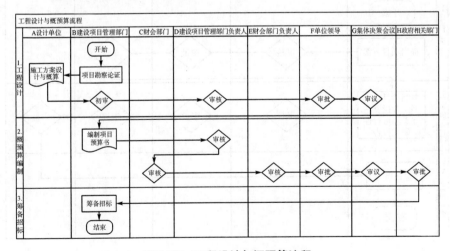

图4-15　工程设计与概预算流程

2. 要点说明

工程设计与概预算流程主要包括项目勘察论证、设计施工方案和项目概预算，主要有以下几个要点：

（1）制定设计单位选择标准

单位应制定设计单位选择标准，明确选择程序，严格审查设计单位证书等级，择优选取具有相应资质的设计单位并签订合同。

（2）建立设计方案控制程序

设计方案拟定后，单位应组织相关部门及专业技术人员对设计方案进行分段审核，确保设计方案与可行性研究报告相一致，保证施工阶段能够顺利开展。

（3）建立概预算控制机制

经批准的投资概算是工程投资的最高限额，未经批准，不得随意更改。单位应该加强投资规模的控制，杜绝超规模、超预算现象的发生。

（三）工程招标

1. 流程图

工程招标流程见图4-16所示。

2. 要点说明

单位应通过招标程序选择项目承包方或施工方，保证工程的质量、进度以及安全，控制项目成本。工程招标流程主要有以下几个要点：

（1）招标程序控制

单位应当建立项目招标管理办法，根据项目性质和标的金额，明确招标范围和要求，规范招标程序，不得为规避招标将一个建设项目分解为多个，使分解后的每个项目资金额度低于招标要求。

（2）招标文件控制

建设项目管理部门应当严格审核招标代理机构编制的招标文件，审核招标文件有无违反法律法规规定的内容，包括运作程序、时间规定、报价方法、评标办法和合同主要条款等。

（3）开标、评标过程控制

建设单位应当邀请所有投标人或其代表参与开标，并委托公证机构进行检查和公证，评标小组应当依法进行评标。

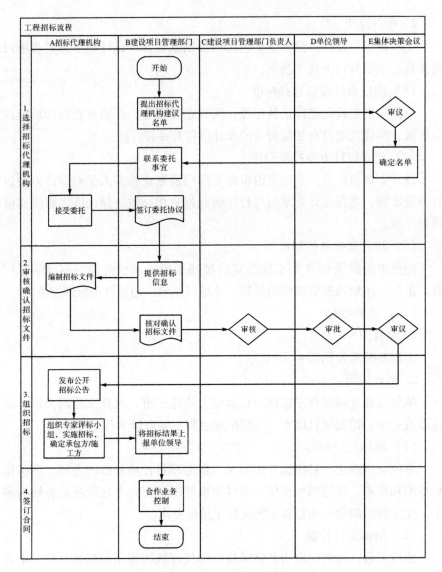

图4-16　工程招标流程

（4）中标结果控制

单位应按照规定确定中标人，并及时向中标人发出中标通知书，在规定的期限内与中标人订立书面合同，明确双方的权利和违约责任。

（四）工程实施

1. 流程图

工程实施流程见图4-17所示。

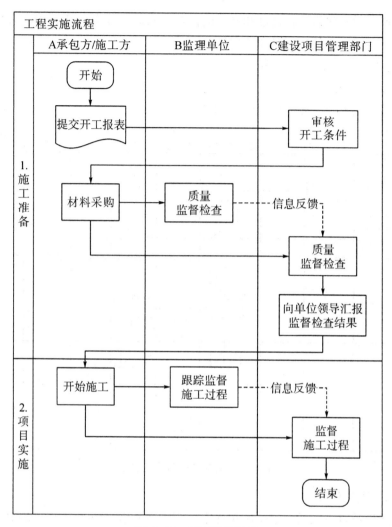

图 4-17　工程实施流程

2. 要点说明

在工程实施阶段,有几项重要工作穿插在施工过程中,包括材料采购、工程监理等。工程实施流程主要有以下几个要点:

(1)实行严格的施工材料管理制度

凡规定通过政府采购方式采购的施工材料,应根据有关规定执行,建立材料供应商黑名单制度,同时对供应商提供的材料进行严格审查。

(2)实行严格的建设项目监理制度

单位应聘请具有相应资质和良好职业操守的监理人员或团队,深入施工现场，做好建设项目进度和质量的监控，及时发现并纠正建设过程中的问题，客观公正地执行各项监理任务。

（五）竣工验收与决算

1. 流程图

竣工验收与决算流程见图4-18所示。

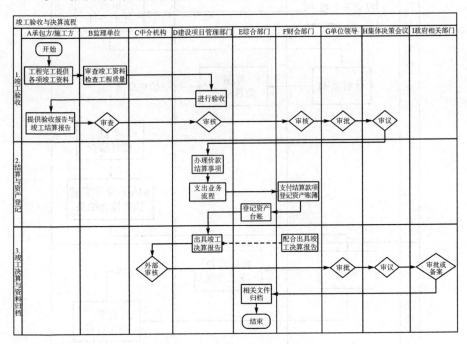

图4-18 竣工验收与决算流程

2. 要点说明

建设项目竣工后，单位应在规定时限内进行验收并办理竣工决算，并根据批复的竣工决算和有关规定及时办理建设项目档案和资产移交等工作。竣工验收与决算环节的设计要点如下：

（1）建立竣工验收与决算控制机制

单位应当建立建设项目竣工验收与决算控制机制，制定竣工验收的各项管理制度，明确竣工验收的条件、标准和程序等，并及时办理决算事项。

（2）建立项目归档控制机制

单位应当建立项目归档控制机制，按照项目档案管理规定和验收要求，及时进行相关文件归档。

四、建设项目业务的主要风险点及控制措施

（一）项目立项环节

1. 风险点

（1）立项缺乏项目建议书、可行性研究报告，或流于形式，导致工程项目质量存在隐患。

（2）工程立项决策不当，审核、审批程序不严格。

2. 控制措施

（1）建立项目建议书、可行性研究报告咨询和审查制度。单位领导班子应当组织规划、工程、技术、财会、法律等部门的专家对项目建议书和可行性研究报告进行充分论证和评审，提出评审意见，作为项目决策的重要依据。

（2）立项应当由单位领导班子集体决定，应采用集体研究、专家论证和技术咨询相结合的议事决策机制，同时建立健全审核审批流程。

（二）工程设计和概预算环节

1. 风险点

（1）施工图不具备落实条件，或更改方案时推进不力导致工程拖延。

（2）概预算严重脱离实际，导致工程投资失控。

2. 控制措施

（1）建设项目管理部门应征求技术与设备管理部门的意见，并且指派专业人员与设计单位联系，同时，单位应对设计单位提供的施工图严格把关，确保施工图设计的质量。

（2）加强概预算环节的控制，明确项目概预算编制、审核的要求，确保工程造价科学、合理。

（三）工程招标环节

1. 风险点

（1）招标文件不规范，文件内容不清晰、不具体；具体评标流程不公开或不清楚。

（2）招标代理机构在招标过程中谋求私利，串通各方人员进行串标、漏标、围标等违法行为。

（3）投标人可能假借其他公司的资质进行投标，评标人对投标人的资质未进行严格审核，可能导致中标人实际难以承担建设项目、中标价格失

实或者工程被私自分包给不正规的施工队，造成严重的质量安全隐患。

2. 控制措施

（1）制定规范的招标文件，相关人员负责审核文件信息是否完整清晰，并对招标文件进行备案，如对招标文件产生异议，可以举办招标文件评审会；按照有关规定公开评标流程。

（2）单位在招标代理机构的选择和监督上进行详细规定并严格执行，选择招标代理机构时应向上级主管部门请示或按既定的规定执行，对招标代理机构的监督要明确到位。

（3）评标委员会严格审查投标公司资质，在对投标人的资质有异议的情况下，可以向工商部门、银行信贷部门等寻求帮助，参考多方部门提供的建议进行准确判断。

（四）工程实施环节

1. 风险点

（1）承包方或施工方为牟取利益，与材料供应商勾结，将建筑材料以次充好。

（2）工程开工前，未达到相应的施工条件。

（3）施工过程中出现的问题监理单位未发现，或监理单位对施工过程中抽检发现的问题不作为并进行隐瞒。

2. 控制措施

（1）材料采购环节不能由承包方或施工方单独决定，监理单位和建设单位应派驻代表进行监督，全程跟进参与。建立材料供应商黑名单制度，同时对供应商提供的材料进行严格审核。

（2）项目施工前，应对施工条件进行评估，确保项目施工时符合相应的施工条件。

（3）加强对监理单位的控制，在施工过程中承包方或施工方、监理单位、建设单位互相监督，避免任何一方出现漏洞。

（五）竣工验收与决算环节

1. 风险点

（1）单位未严格按照验收程序进行验收，质量检验把关不严格，导致出现不合格的工程项目。

（2）虚报项目成本与投资完成额，使得支付的工程资金超过预算标准。

（3）单位未及时办理资产及档案移交工作，资产未及时结转入账，可能导致账外资产等风险。

2. 控制措施

（1）建立项目竣工验收控制机制，制定验收的各项管理制度，安排专业人员严格按照验收程序进行验收，避免出现不合格的工程项目。

（2）单位应当按照投资计划和预算对建设项目资金实行专款专用，严禁截留、挪用和超预算使用资金。

（3）单位应加强建设项目档案管理工作，做好相关文件、材料的收集、整理、归档和保管工作。

五、案例及常见问题

（一）项目立项环节

[**典型案例**] 为了迎接某大型运动会的到来，G市耗费巨资修建了面积广阔的C广场，广场周边的绿化景观和装饰建筑十分美观，但过了不到四年，因G市建设地铁的需要，C广场即将面临拆除，C广场周边的建筑和装饰被拆毁，地下停车场等配套设施也被填埋，这件事引起了G市公众的广泛关注。知情人士解释称，C广场实际上是为了迎接某场大型运动会而赶工完成的，当时由于时间紧急、任务繁重，在对C广场项目进行立项时对市政整体规划欠缺考虑，忽略了后期地铁建设时可能发生的规划冲突，这才导致了"短命工程"的出现。

1. 案例分析

从建设项目的功能角度看，广场应属于长期使用的基础建筑，因此C广场不属于临时建筑项目，该市建设和规划部门在运作筹划C广场建设项目时，必须要考虑在举办完运动会之后，C广场与其他待建和新建的建设项目是否相容。C广场的"短命"暴露出G市的城建规划部门对C广场建设项目的立项环节把控不严，在项目初期的可行性研究阶段缺乏周全考虑，没有与市政长期规划相结合。

2. 改进建议

对于G市"短命工程"暴露出的问题，其他行政事业单位应当引以为戒。一些为举办大型活动而进行的建设项目应对项目建议书和可行性研究报告科学性、合理性进行严格审核。明确是长期建筑项目还是临时建筑项目，如果是长期建筑项目，要对大型活动过后的建设项目工作进行规划，比如功能改造、设施维护、合理利用等；如果是短期建设项目，要计划好大型活动过后的设施拆除、恢复原貌或改造原貌、环保、清算和资金管控等工作。

（二）工程设计和概预算环节

[**典型案例**] 在一次对某河道水下抛石工程的监测中，技术人员发现施工设计图的比例尺经过人为调整，发生了重大设计失误，导致偷工减料的抛石量占了将近一半。

1. 案例分析

该案例充分暴露了当地的水利工程建设管理局对施工图设计环节的控制未进行严格把关，导致工程出现质量问题。水下抛石工程具有隐蔽性高、工程量勘测难度大的特点，除非利用技术手段进行专业的测量，否则很难监测出抛石量是否符合原有的设计规定。

2. 改进建议

不同于平常的市政工程一般易于暴露问题、便于从外界观察，水利和交通等类型的建设项目具有极高的专业性，许多设计环节发生的问题十分隐蔽，往往等发现问题的时候已经难以挽回，需要后续花费极大的物力财力解决问题。

行政事业单位应重视建设项目的工程设计环节。建设单位应对设计单位提供的设计图严格把关，同时参考专业人员的意见，严格防范偷工减料和设计不合理等问题。除此之外，建设项目管理部门必须反复征求技术与设备管理部门的意见，并且指派专业人员与设计单位联系，要求每个环节设计到位，不留漏洞。

（三）工程招标环节

[**典型案例**] B市某小学委托当地的政府采购中心就该校的基建维修项目进行公开招标。作为本次招标代理机构的区政府采购中心未做好招标委员会与投标公司的回避工作，以至于J公司与该政府采购中心副主任相互串通，通过行贿的方式事先预定中标结果，使J公司中标。事发之后，当地财政局作出了撤销中标通知书的行政处理决定。该采购中心的副主任与校方代表均受到了开除公职处分。

1. 案例分析

案例中的学校作为事业单位，有义务对本单位的建设项目进行控制。案例中的建设单位选择通过委托招标代理机构（区政府采购中心）进行招标，问题发生的原因在于中间代理机构与投标人之间的贪腐交易。代理机构在招标过程当中的作用十分关键，而案例中的代理机构却与投标人进行串通腐败，评标人与投标人之间私自接触，评标委员会的成员互通有无，触犯了保密原则和限制接触原则，两人通过收受贿赂达成一致，私自传递其他评委的评分情况，并篡改了中标结果。

2. 改进建议

建设单位应采取签订保密协议、限制接触等必要措施，确保标底编制、评标等工作在严格保密的情况下进行。除此之外，还要制定严厉的惩罚措施，在协议中写明泄露标底的法律后果，确保相关人员不会为了暂时的私利而触犯红线。

（四）工程实施环节

[**典型案例**] F 县某公路建设项目在施工完成后不到一年的时间，个别地段出现不同程度的路面毁损等质量问题。为了避免影响 F 县相关路段的车辆的正常通行，该公路进行了多次返修，花费返修费 420 余万元。经勘查，工程质量问题主要原因是施工过程当中施工单位对局部路基压作业未达到专业规定标准，致使基层强度未达到设计要求，部分路段的混合料配合比不合格，致使道路出现翻浆、脱粒等质量问题。

经调查，该公路建设项目施工过程中出现没有按规定做试验、石灰土剂量不足、搅拌不均匀、碾压遍数不够等问题。邸某身为 F 县交通局分管公路建设的副局长，负责该项目施工，邸某虽在工程中发现一些质量隐患，但并未进行有效的纠正，对施工方、监理方的指导、检查、监督不细，造成该国债公路花费返修费 420 余万元的经济损失和恶劣的社会影响。

1. 案例分析

施工单位在施工过程中没有按规定要求进行项目建设，不符合建筑工程质量标准，明显违反了《中华人民共和国建筑法》规定，严重影响工程质量。建设项目的具体负责人邸某对工程质量未进行有效负责，邸某在工程中发现质量隐患，但纠正不彻底，对建设方、施工方、监理方出现的诸多问题和隐患没有尽到监管职责。

2. 改进建议

建设单位和监理单位应通过不定期审查、现场监理等方式保证施工单位确切按照规定进行开工，对施工单位实施定期的量化考核，保证工程质量。

（五）竣工验收与决算环节

[**典型案例**] F 县某公路竣工后一年出现了明显的质量问题，经由专项调查组的调查才查出问题的根源，这反映了建设单位对该项工程的竣工

验收环节出现缺失。F县交通局在竣工验收环节未能对国债公路的质量进行严格的审核抽检，致使后期公路被迫返修，造成巨大的资源浪费和经济损失。

1. 案例分析

建设单位未按标准审核工程项目完成进度，未严格按照验收程序进行验收，未对质量进行严格审核抽检，导致对建设项目的质量检验把关不严格，出现了不合格的工程项目。

2. 改进建议

建设项目的归口管理部门应当及时与施工方、监理方等有关单位沟通，及时对建设项目进行竣工验收，并由具有相关技术和资质的专业人员对完工项目进行质量抽检，对工程质量进行严格把控，避免出现验收后返工的现象。

第六节　合同业务内部控制建设

合同从形式简单的协议变成严格约束双方行为并有法律效力的书面证明，这样的转变说明合同双方在履行责任义务时出现的问题越来越多。在合同的实际执行中，管理部门仍未意识到合同的重要性，一直处于合同管理的自由放任状态。这种做法会给合同双方带来很大的损失。因此对合同整个过程中的主要风险进行盘点、预测和对合同控制在设计上的关键控制环节的把控就显得尤为重要。本节将对合同控制中的关键控制流程进行陈述，对合同订立、履行、登记、变更和纠纷处理中可能遇到的风险和解决措施进行梳理，从而在明确合同控制的重要性和可能存在的主要风险的基础上，为行政事业单位合同业务内部控制建设提供参考。

一、合同业务概述

合同可分为一般民事合同、经济合同、劳动合同和行政合同。民事合同一般是公民、法人或其他社会组织为了满足日常物质和文化生活的需要，所明确的相互间权利义务关系的协议。民事合同的主体一般是公民，主要解决公民个人的衣、食、住、行等；劳动合同，顾名思义，是与劳动者签署的，明确劳动者与雇主之间责任义务的劳动关系协议；行政合同的目的是实施行政治理，产生、改变或消除行政和法律关系，这种合同有时是强制的；经济合同是最常用的合同，行政事业单位为达到某种经济目的会产生许多经济活动，因此有时会签署经济合同。

本节要讲的合同，主要是指与行政事业单位经济活动相关的经济合同，即行政事业单位与平等主体的法人、自然人以及其他经济单位之间达成的协议，用以设立、变更、终止权利义务的关系。它主要包括采购合同、工程合同、租赁合同、借款合同、财产保险合同以及其他经济合同，一般以书面合同为主。行政事业单位合同管理是单位作为当事人，对合同进行订立、履行、变更、解除、转让、终止以及审查、监督、控制等。可以看出，合同管理应当贯穿合同的整个过程，从谈判、起草、签署到生效，并且是系统的和动态的。

二、合同业务的内部控制要求

合同管理是行政事业单位经济活动的重要组成部分，无论是政府采购业务还是建设项目的实施，双方都需签订合同，明确双方的权利和义务，规范和约束单位的经济行为。可以说只要涉及经济活动，一般都会产生经济合同。合同对行政事业单位来说非常重要。加强行政事业单位的合同管理不仅是单位内部控制的重要手段，也是维护单位合法权益，防范相关法律和经营风险的重要途径。

合同风险客观存在。合同的客观风险由法律法规、合同条件和国际惯例规定组成，两方不可避免地承担风险责任。因此，有效管理合同能够进一步明确两方的权力和责任，最大限度地降低风险，若出现合同风险，也有利于在风险发生时尽快找到防范措施，从而有效规避风险。

国家出台了有关合同管理的法律法规，其中最为规范的是《中华人民共和国民法典》合同编，该编对合同相关事项都有较为明确的法律条款，合同的内部控制建设既要满足《行政事业单位内部控制规范（试行）》（财会〔2012〕21 号）中相关规定，也要满足《中华人民共和国民法典》合同编中的内容，具体如下：

（一）建立健全合同内部管理制度

根据财政部 2012 年发布的《行政事业单位内部控制规范（试行）》（财会〔2012〕21 号）第五十四条规定：

"单位应当建立健全合同内部管理制度。"

部分单位对合同管理工作重视不足，合同管理机构职责分工不明确，未建立健全合同管理内部控制制度。合同是保障单位各项经济活动规范进行的前提，若不重视合同管理工作，就可能导致合同管理工作无法发挥风险防控作用。

单位应当重视合同内部控制，明确单位内部合同管理机构职责与权限，合理设置岗位，明确合同的授权审批和签署权限，妥善保管和使用合同专用章，严禁未经授权擅自以单位名义对外签订合同，严禁违规签订担保、投资和借贷合同。

（二）规范合同的订立

根据《中华人民共和国民法典》合同编第四百六十九条规定：

"合同的内容由当事人约定，一般包括以下条款：（1）当事人的名称或者姓名和住所；（2）标的；（3）数量；（4）质量；（5）价款或者报酬；（6）履行期限、地点和方式；（7）违约责任；（8）解决争议的方法。当事人可以参照各类合同的示范文本订立合同。"

合同的内容受到法律的管理，具体对上述条款进行了约束，涉及合同中非常重要的条款，单位在订立合同时，应先参考相关法律文件。

根据财政部 2012 年发布的《行政事业单位内部控制规范（试行）》（财会〔2012〕21 号）第五十五条规定：

"对于影响重大、涉及较高专业技术或法律关系复杂的合同，应当组织法律、技术、财会等工作人员参与谈判，必要时可聘请外部专家参与相关工作。谈判过程中的重要事项和参与谈判人员的主要意见，应当予以记录并妥善保管。"

部分单位可能会开展专业性强的经济业务，必要时可聘请相关技术人员或专家参与谈判决策事项。

（三）监督合同的履行

根据财政部 2012 年发布的《行政事业单位内部控制规范（试行）》（财会〔2012〕21 号）第五十六条规定：

"单位应当对合同履行情况实施有效监控。合同履行过程中，因对方或单位自身原因导致可能无法按时履行的，应当及时采取应对措施。"

在合同履行的过程中，有时会出现突发事项影响合同履行的进度，单位应当有效监控合同的履行情况。以便在履行过程出现问题时把控态势，及时采取应对措施。

根据财政部 2012 年发布的《行政事业单位内部控制规范（试行）》（财会〔2012〕21 号）第五十七条规定：

"财会部门应当根据合同履行情况办理价款结算和进行账务处理。未按照合同条款履约的，财会部门应当在付款之前向单位有关负责人报告。"

在办理合同结算前，相关部门应当及时核实合同履约进度，严格按照履约进度与合同相关规定办理价款结算业务，财会部门在付款前应当严格履行审核流程，并提请单位负责人进行审批后付款。

（四）保证合同的效力

根据《中华人民共和国民法典》合同编第五百零二条规定：

"依法成立的合同，自成立时生效。但是法律另有规定或者当事人另有约定的除外。依照法律、行政法规的规定，合同应当办理批准等手续的，依照其规定。未办理批准等手续影响合同生效的，不影响合同中履行报批等义务条款以及相关条款的效力。应当办理申请批准等手续的当事人未履行义务的，对方可以请求其承担违反该义务的责任。"

一般来说，合同成立之后自动生效，生效的合同受法律保护。相关法律对部分合同有比较特殊的规定，有些合同需要办理生效手续，比如需要相关部门批准和登记等。

（五）加强合同的登记管理

根据财政部 2012 年发布的《行政事业单位内部控制规范（试行）》（财会〔2012〕21 号）第五十八条规定：

"合同归口管理部门应当加强对合同登记的管理，定期对合同进行统计、分类和归档，详细登记合同的订立、履行和变更情况，实行对合同的全过程管理。与单位经济活动相关的合同应当同时提交财会部门作为账务处理的依据。"

单位在开展业务时可能会遇到如业务单位异地、合同承办人员变动导致合同传递和交接滞后，可能出现合同归档滞后或丢失风险，影响合同履约效果。因此，单位应当健全合同登记管理制度，确保合同的有序管理。

同时，单位应当加强合同信息安全保密工作，未经批准，不得以任何形式泄露合同订立与履行过程中涉及的国家秘密、工作秘密或商业秘密。

（六）加强合同纠纷管理

根据财政部 2012 年发布的《行政事业单位内部控制规范（试行）》（财会〔2012〕21 号）第五十九条规定：

"单位应当加强对合同纠纷的管理。合同发生纠纷的，单位应当在规定时效内与对方协商谈判。合同纠纷协商一致的，双方应当签订书面协议；合同纠纷经协商无法解决的，经办人员应向单位有关负责人报告，并根据合同约定选择仲裁或诉讼方式解决。"

合同纠纷指合同履行时，某个主体违背了合同约定，进而产生法律纠纷。诱发合同法律纠纷的原因很多，如工程工期、质量等因素。往往法律纠纷专业性较强、处理难度较大，应采取有效措施预防和处理相关纠纷。

三、合同业务关键控制流程及说明

行政事业单位合同的签订，一般需要按照图 4-19 所示的方式进行，包括合同调查、谈判、文本拟定、审核、签署、履行、验收、结算、登记归档等；若将来发生意外事项，可能还会涉及合同的变更、纠纷处理、合同解除等工作。

合同业务流程涉及单位的业务部门、财会部门、合同归口管理部门、法律部门等。其中业务部门是业务工作的开展部门，在合同流程中涉及合同的前期调查、谈判、合同文本起草、签订及履行；财会部门涉及合同结算流程，主要负责资金的支付及相关财务风险的识别与管理；法律部门负责对合同的内容进行合法性审核，明确双方的权利义务；合同归口管理部门会涉及合同的登记归档等流程。如图 4-19 所示。

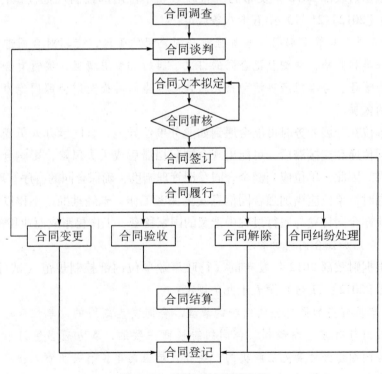

图 4-19　合同关键控制流程

四、合同业务的主要风险点及控制措施

合同控制的主要过程是合同订立、履行、结算、纠纷处理、变更、验收及登记归档等。合同从订立到归档登记都有可能存在不同程度的风险，这些风险产生的原因主要是对合同控制环节薄弱、管理松弛。下面主要列出合同的一些主要风险点，只有明确了合同控制中的风险，才能探究出合同控制的设计要点。

（一）合同订立的主要风险点及控制措施

合同订立环节主要有合同策划、谈判、文本拟定、签署等，这些环节是生成合同的必要步骤，风险也会出现：

1. 合同策划阶段

（1）风险点

合同的策划管理是指在订立合同之前要明确应当签订合同的业务和事项范围，并且把可能涉及的业务和事项都列示在合同内容中，明确双方的权利与义务。行政事业单位在策划合同时，因经济活动的差异，合同的策划可能也会产生差异。因此合同策划阶段的风险主要在于合同策划与行政事业单位战略目标是否一致、不同合同形式在合同策划上是否能根据其特点适当调整合同结构：

①合同策划的主要内容与单位职责使命和战略目标不一致，策划时出现超计划投资、超成本支出等不良现象。

②需要招标管理或需要领导批准的经济合同在制作过程中为简化审查程序，将一个合同分成若干个金额很小且不重要的合同。

③合同管理工作职责分工不明确，合同管理组织领导及协调机制不完善。

（2）控制措施

合同策划是合同控制的起点。行政事业单位应当根据单位自身特点及合同控制流程，合理分配工作，落实合同控制。单位应当由负责人牵头，设立相关部门把关合同控制的每一个阶段。根据这一阶段的风险，主要控制措施有：

①单位应当明确自身战略目标，在合同策划时应当以战略目标为基础，策划经济合同的主要内容。建立合同策划机制，策划工作是合同的开始，首先，要明确合同中包含的业务与事项，需要进行招投标的业务或要

求职级更高领导批准的合同，不得拆分成若干个金额较小且不重要的合同；其次，要加强合同策划管理，防止出现过度计划和过度投资的现象。

②建立合同归口管理机制，单位可以指定办公室或其他相应部门作为合同归口管理部门，实行合同统一管理，负责明确合同的审批和执行等程序；参与合同的起草、审查与签订等工作；组织合同纠纷的监管、仲裁和诉讼活动；管理合同印章；管理与合同有关的法人授权委托书；针对管理中可能存在的薄弱项目，约定具体时间进行检查和评估，针对检查结果，制定政策，执行措施，促进合同实施。

在合同管理岗位设置方面，单位应建立合同管理岗位责任制，在岗位授权范围内进行合同谈判，起草合同文本，确保合同签署目的实现。

在合同管理职责分工方面，单位应明确界定业务部门、合同归口管理部门和财会部门之间的责任分工，确保部门之间的有效沟通。单位业务部门应当在合同承包人的责任范围内承担相关合同，财会部门应当着重履行合同的财务监督职责。包括审查合同价格条款、结算期和结算的合理性，按照合同及时结算，监督资金的收入或支出。

此外，该单位应加强合同管理相关人员的专业技能和质量水平，明确合同管理评估和问责机制，以及合同签订和实施过程中违反法律法规的情况，对单位造成损失或信用损害的行为，应当追究相关机构人员的责任。

2. 合同调查阶段

（1）风险点

合同调查是指在订立合同之前应当有专门的调查人员对对方的资信情况进行调查，包括对方的营业能力是否符合要求、营业执照是否有效、签订合同的内容与对方的经营范围是否一致等，主要风险点有：

①调查人员不具备相关专业背景，对调查要点掌握不清，或者调查人员没有掌握有效的调查方法，导致人力、物力和时间的浪费。

②在合同调查中，忽视对对方主体资格的审查，导致有些不具备相关能力或者没有具体资格的主体被确定为合同对象。

（2）控制措施

①信息调查人员应该有较高的专业素质和责任心，一个能力强的调查人员对于合同的订立会起到事半功倍的效果。

②在对单位资格能力进行调查时，应当充分了解对方情况，比如对方的营业能力、商业信誉等。建立调查控制机制，确保单位完全了解主体资

格、信用状况和执行能力。单位应建立合同调查工作小组，详细审查合同签约对方的主体资格、履约能力和资信情况，主要包括：检查被申请人的身份证件、法人登记证、资格证书和委托书等原件，如有必要，可以向发证机关提出申请，检查证书是否真实合法，在有充分证据的基础上评估对方的资格。

获取财务方面和其他方面的信息，如经审计的财报和受访者的过往交易记录。分析其盈利、运营能力，评估其财务方面的风险和信用状况，并在执行合同期间关注其信用变化。

3. 合同谈判阶段

（1）风险点

合同谈判是指在双方初步确定合作时对合同的具体事项进行的磋商和谈判，对合同中涉及的双方责任义务中存疑的条款进行协商，并根据谈判时确定的事项对合同进行修改的过程。谈判时可能存在的风险有：

①对合同谈判不重视，在合同谈判时合同双方未邀请经验丰富的专业人员参与。

②在合同谈判时，过度重视价格方面的条款，忽视了合同中其他核心部分，例如，产品和服务的数量与质量、合同的期限和违约责任的界定、争议的解决方案等，可能使单位权利遭到损害。

（2）控制措施

合同前期谈判时存在的问题有可能在后期合同执行中暴露，这强调了合同谈判过程中经验丰富的人员参与的重要性。而且，在合同谈判过程中，谈判内容应当保密，应建立合同谈判控制机制和严格的责任追究制度，确保合同内容和条款在公平、自愿的原则下协商。根据实际情况选择适宜的谈判方式，记录谈判过程，并重点做好以下方面的控制活动：

①收集谈判对手的信息，充分熟悉谈判对手，相互了解；熟悉相关法律条款，了解行业监管、相关产业政策、类似产品或服务的价格走向，以及与谈判内容相关的其他信息，制定谈判策略。

②重视合同的主要内容，包括合同中确定的产品数量、质量要求或技术标准，合同价格的确定依据和付款方法的确定依据，履行的时间，发生违约时应当承担的责任和争议的解决方案，合同内容发生改变或取消的条件等。

③组织法律、技术、会计和其他专业人士参与有重大影响并涉及高专

业技能或复杂法律关系的合同谈判。充分发挥团队的能力，根据初期谈判结果总结谈判的得失，研究下一步的谈判方法和策略。

④如果合同涉及较多条款和限制，可请非本单位的专家参加与谈判有关的工作，熟悉了解非本单位专家的专业素质资格、职业道德等。

⑤加强保密工作，建立严格的问责制度。

⑥记录保存在谈判中的重要问题和参与者的意见，作为避免合同欺诈的重要手段和问责制度的依据。

4. 合同文本拟定阶段

（1）风险点

完成合同谈判环节之后，应该开始合同文本的拟定，将双方对于合作的协商意见用文字表达出来。这一阶段可能出现的风险主要有：

①合同格式不明确，导致工作人员在拟定合同时无法有所侧重，重要的条款和注意事项在合同中体现不够充分。

②在合同内容和条款上的表述不够明确完整，并且语言不够严谨，在合同执行时出现重大误解或存在欺诈，导致单位合法利益受损。

③合同完成后，双方未认真审查合同，合同审核人员因相关专业的综合素质不足或工作态度不好未发现内容条款中存在的风险；发现了相关问题但未进行适当修改；起草合同的相关工作人员没有合理考虑合同审查人提出的改进建议或方案，致使合同中出现了未修正的内容条款。

（2）控制措施

合同文本拟定的第一步应确定合同的形式。大多数合同已经有一些固定格式，这有利于工作人员在拟订合同时有所侧重，重要的条款和注意事项在合同形式中也会涉及。确定合同形式之后，在合同条款上的表述应严谨明确，避免出现模糊的语句。对于合同中的条款，订立的前提是符合国家法律法规或国家政策。合同拟定完成后双方应认真审核，审核无误后作为合同最终版本，对于涉及重大问题或者法律关系复杂的合同，应有专业人员及法律顾问进行审核。

①建立合同文本拟定和审核控制机制，确保合同文本的形式和内容规范合理。在参与经济活动时需要起草正式的书面合同，遇法律关系复杂的特殊合同，应有专业人士及法律顾问的参与，确保合同内容和条款的合法性和完整性；对于对方单位或第三方起草的合同应当仔细审查，确保合同内容准确反映单位的诉求。

②合同文本起草后，应对合同内容进行严格审查。重点对合同主体是否存在、合同内容是否完整、合同形式是否符合规定、对方是否有履行能力、合同中对权利和义务的要求是否明确、发生违约情况的解决条款是否具体等进行审查。

③合同内容基本确定后，应交由法律部门审核，业务部门应认真对待法律部门的提出的意见，根据相关意见修改合同条款。

④单位可制定合同审签表格，规范合同审核程序，借助信息化手段实现合同的线上审核，提高合同审核工作效率。

5. 合同签署阶段

（1）风险点

合同拟定后应按要求签订合同。这一阶段要求双方在合同中签字并且加盖公章，这样才算合同签署有效。但实际中，合同的签署仍存在相应风险，具体如下：

①合同签订时可能出现签订人未经授权或者超越权限签订合同、加盖公章时使用不符合要求的印章的情况。

②签署后的合同被篡改。

③签字后，在向有关部门分发合同时可能存在不当行为的风险。这种风险主要表现为：合同被送到了不相关的部门；相关部门不重视合同的管理，收到合同后未进行合理处理，或因保管不当导致合同泄密等。

（2）控制措施

签订合同时，严格规定各类合同的签字授权。严格的合同特殊章节保管制度，合同编号后，由法定代表人或单位授权的代理人签字批准，合同可加盖印章，以确保合同印章仅盖印符合管理程序的合同文本；签署完合同之后，还可能出现合同被篡改的情况，因此应该在合同制作上采取恰当措施，以防被签署的合同发生篡改等情况，如使用纸质合同，在合同页面之间盖章，使用防伪标志；对于电子合同使用固定化不能编辑的文件格式等，内容受到控制，防止对方单方面改动合同；依照国家有关法律、行政法规的规定，有待批准、登记等的合同有效，单位应当及时办理相关手续。

①单位应合理划分签字机构和各类合同的程序，按照规定的权限和程序签订合同，严禁超出权限签订合同。正式订立的合同应由单位法定代表人或其授权代理人签署并加盖有关印章。

②单位应明确合同印章的使用和保管要求。合同应在单位法定代表人或授权代理人签字并批准后加盖公章。印章保管人应在印章使用结束后立即收回并将其保存在安全的地方，并及时记录合同印章的使用情况。如果印章丢失或被盗，应当立即报告并采取措施，以尽量减少可能产生的负面影响。

（二）合同履行的主要风险点及控制措施

在合同履行的过程中，出现不能按时履行的相关情况，应及时采取措施。在履行过程中也会遇到相关条款的补充、变更、转移和终止管理等问题。若遇突发情况，可能涉及合同的纠纷处理，这些都是合同履行过程应当关注的重点。

1. 合同履行阶段

（1）风险点

签订合同后，进入到合同履行阶段。合同双方应履行合同中规定的所有条款和条件，包括履行的时限、实施过程、履行方式和地点等。合同履行阶段可能产生的风险主要是没有遵守合同条款，对合同条款进行更改或者拒绝履行合同中所要求的责任等。

（2）控制措施

根据财政部 2012 年发布的《行政事业单位内部控制规范（试行）》（财会〔2012〕21 号）第五十六条规定：

"单位应当对合同履行情况进行有效监督。在履行合同的过程中，由于对方或单位不能按时履行的，应当及时采取措施。单位应当建立关于合同履行的监督检查制度。在履行合同或变更或终止合同时签订补充合同，应当按照国家有关规定进行审查。"

单位应当对合同履行进行有效监督，加强对合同履行过程的检查，并按合同约定确保合同有效履行；在合同中明确规定违约责任；要求对方为能够使合同有效履行提供保证措施；单位业务人员应从建立、履行到终止的整个过程进行跟踪和监控，一旦发现由于对方或单位自身原因，无法按时履行合同，应立即采取行动以尽量减少合同损失。

2. 合同补充、变更、转让和终止管理阶段

（1）风险点

合同的补充、修改、转让和终止的前提是合同已生效。这个阶段可能产生的风险有：

①合同内容需要发生变化时，双方没有进行磋商或者磋商之后没有达成一致协议，一方就对合同进行单方面的更改；或者在双方达成协议后，没有签署有关补充的内容的协议，致使合同的相关内容无法正常履行。

②合同变更条款未经法律部门审核，导致变更不当或变更条款对单位不利。

（2）控制措施

当合同需要进行补充或者更改某些条款时，合同双方应该就要更改的条款进行磋商，合同内容的变更应向相关负责人出具报告。只有合同双方意见统一之后才能够对合同进行补充、更改、转让和终止等操作；若不经对方同意另一方私自更改合同内容的行为都会被判断成违约。双方协商完成后，应及时处理相关程序，避免不必要的损失。具体措施为：

①建立合同变更控制机制，按程序报告审批，并通过协商，按照权限和程序来处理合同的变更事项，根据需要补充、转让甚至终止合同。

②合同变更的内容和条款须充分参考单位法律部门的意见，并提请单位领导班子集体决议后方可履行。

③合同变更、解除需按照内部控制流程进行逐级审批，未经审批的合同变更与解除业务不允许履行。合同变更及解除须形成书面协议并加盖双方单位公章。

3. 合同结算管理阶段

（1）风险点

合同结算是合同环节的重要组成部分。在此期间应对合同发生的有效凭证资料进行收集，在审核完合同条款和相关凭证之后，按照合同上的金额和付款方式付款。这一阶段可能产生的风险主要有：

①合同或相关凭证出现问题，导致付款方拒绝付款。

②未按合同规定的期限、金额或方式支付，或未签订合同时盲目支付，可能导致单位资金损失。

（2）控制措施

对于合同的结算，财会部门应当及时关注合同执行的进展状态，在合适的时间做出提示；并且在此期间应该对合同发生的有效凭证资料进行收集，在审核完合同条款和相关凭证之后，按照合同上的金额和方式付款；一旦发现合同或相关文件出现问题，有权拒绝付款并及时向单位负责人报告。当合同一方无法及时履行支付义务时，收款方的财会部门应当及时催收欠款。结算时单位领导、相关负责人必须在付款审批单上签字，同时加盖合同审核专用章。具体控制措施有：

①建立合同结算控制机制，确保按照合同履行情况及时结算支付和会计服务。单位财会部门在审核完合同相关条款之后，应该办理相关结算，按约定支付款项或及时收款。

②合同履行期间发生变更、争议或者价款结算的，合同归口管理部门应当对合同履行情况进行登记，进行详细变更，并定期对合同履行情况进行统计分析，及时向单位有关负责人报告未履行完成的合同、发生变更的合同、存在纠纷的合同、产生损失的合同事项，督促单位业务部门有效履行各项合同。

4. 合同纠纷处理阶段

（1）风险点

如果产生合同纠纷，在解决时，应选择成本最小的方式。处理合同纠纷的方式有：协商、调解、仲裁、诉讼，并且相关费用依次增加。纠纷环节可能出现的风险有：

①单位在面对合同纠纷时，没有采取相关合理措施，损害单位利益、信誉和形象等；未第一时间向有关领导提出处理纠纷的方法；未第一时间采取有效措施防止纠纷扩散。

②纠纷解决方法未与对方协商，或合同纠纷解决方式未经适当的授权审批程序；未及时收集对方违约证据，使单位在纠纷解决中处于劣势；未按约定追究对方违约责任等。

（2）控制措施

合同纠纷的内部控制措施应当明确纠纷处理程序。合同纠纷发生时，有关责任人应当及时向有关领导报告合同纠纷的具体情况，并采取相应的措施，具体措施为：

①建立合同纠纷控制机制，确保合同纠纷得到及时有效解决。如果因履行合同而产生争议，该单位应当按照国家有关法律法规的规定，在规定的期限内与对方协商，并按照规定的权限和程序向单位负责人报告。

②若纠纷协商一致，应及时签订书面协议，保障纠纷事项合理解决，若纠纷不能通过协商解决，业务人员应当向负责人报告，并根据实际情况选择仲裁或者诉讼；争议解决过程中，业务人员不得擅自向对方作出实质性答复。

③业务人员在合同执行期间随时跟踪执行情况，密切关注合同对方履行条款的相关行为。一旦发现有违约可能，对涉及的相关资料要留痕保存，充分收集相关证据。

（三）合同归档评估的主要风险点及控制措施

1. 风险点

合同中可能会涉及很多机密，即使合同履行完毕，单位也要对其进行妥善处理，认真编号归档，不得随意泄露合同中的相关机密。合同控制中对合同的登记管理非常重要。合同归档环节可能的风险有：

（1）未保管合同文本或未进行妥善编号，导致归档错误，可能会造成合同丢失的后果；合同保管工作不到位，归档不及时。

（2）未建立合同评估制度，或合同评估程序不合理，导致合同管理水平未能提升。

2. 控制措施

合同归口管理部门要加强管理，定期进行合同的分类归档工作。及时交予有关部门进行备案，加强合同信息的保密工作，具体措施为：

（1）建立合同存储和备案控制机制，确保合同信息的安全可靠。单位应当根据经济活动的业务需要，在合同的订立、履行、变更登记和统计的基础上，对合同文本进行分类编号，建立合同台账，妥善保管合同，确保合同保管安全、可靠，查询快捷、方便。合同完成后，相关人员应当立即办理备案手续。

（2）建立合同管理检查评估控制机制，确保管理中的问题得到纠正和落实。单位应建立评估检查机制，在每年底至少进行一次合同管理和履行的分析和评估工作，对检查出现的缺陷，应立即改进。合同管理检查评估的内容有：合同签订是否符合程序；合同审查意见是否合理采纳，不采用的主要原因及其后果；合同是否完全履行，主要合同执行的主要原因和经验教训；合同履行是否存在缺陷，应采取哪些改进措施；合同纠纷是否得到妥善解决；合同是否适当归档；合同管理工作是否有成就和创新，是否存在违法或违规活动等。

五、案例及常见问题

（一）合同签订的内部控制管理不完善

在签订合同之前对合同的研究不充分，而没有对合同签约方的资格进行审查就是其中之一。在签订合同之前，许多单位尚未充分调查签署合同另一方的诚信情况、履约能力、资质情况等资格，在许多情况下，合同由熟人介绍就盲目签署。尚未建立合理的合同签订审批程序，盲目的合同管理方法将导致在未来合同管理和合同履行过程中出现争议，很难找到有利于自身的解决方案，并且可能会给单位带来经济损失。

[典型案例] 设备原产地在合同中标明的与实际交付时有所不同。

购买气相色谱仪时，购买合同表明产品的原产地是美国，当交付时，发现包装上印有"中国制造"。产品报关单还表明该产品来源于中国。当买方不同意安装和验收时，供应商提供了说明。一是表明"公司的产品在招标生产时，员工由于缺乏经验，在确认参数以及性能在满足投标要求的情况下，未确定原产地，导致合同中的错误"。二是"该公司是一家多元化的高科技跨国公司，总部位于美国加利福尼亚州，作为一家跨国公司，在全球许多国家设有工厂，包括德国的液相色谱产品工厂，位于美国的质谱产品工厂，位于日本的 ICPMS 产品工厂，所以在这些工厂生产的产品都属于美国。上海×××气相色谱仪厂负责生产×××公司全球气相色谱仪订单，来自世界各地的气相色谱订单在上海的这家工厂生产，并通过香港运往全球"。

[案例分析] 首先，对于某品牌的设备，购买者作为信息劣势一方，无法完全掌握其生产经营情况。其次，对于供应商提供的解释，购买者无法判断其真实性，在不了解其品牌总部的生产安排的情况下，不可能知道其品牌总部印章的真实性。最后，不同来源地的设备，价格与质量差异均非常大。由于合同规定产品原产于美国，对于供应商提供的原产于中国的产品，不应该予以验收。

单位采购部门应当履行职责。学习相关知识，熟知所需设备的参数，给定的参数不能指定品牌；采购部门应在采购前对物品进行了解，掌握市场情况，在招标文件中表达诉求，不得违反规定，签订合同需按照标准进行签订。验收时，不得验收与合同中规定的参数不匹配的产品。

（二）合同未经法律部门对内容条款进行法律审查

[典型案例] 电力局需要为新的电力调度业务场所购买两部电梯，并使用招标采购方法。××新城机电设备有限公司（以下简称新城公司）等六个单位受邀参与竞标。收到招标书后，新城公司提交了投标文件，并支付了 1 万元的投标保证金。采购方在电力局三楼会议室举行了开标仪式，通

过审核评价后，新城公司最终中标，中标价格为 120 万元。新城公司向电力局支付了 10 万元的履约保证金。第二天，采购方电力局向供应商新城公司发出"中标单位通知"，正式确认原告新城公司中标，还同意未来会签署采购合同。但此后，采购电力局尚未与供应商新城公司签订采购合同。

电力局以未达到投标邀请的法律要求，招标程序不合规，缺乏评标标准，评标委员会成员人数为 8 人，均不符合《中华人民共和国招标投标法》的有关规定为由，最后决定该次中标无效。新城公司与电力局协商未果，向有关部门报告情况也未得到有效解决。无奈之下，新城公司作为中标者，向法院提起民事诉讼，要求电力局赔偿利润损失 17.64 万元。此前，中标供应商新城公司从采购方电力局退回了 10 万元的履约保证金。

[案例分析] 在这种情况下，电力局认为招标过程中的投标邀请不符合法律要求，招标程序不完善，评标标准缺失，评标委员会成员人数为 8 人，虽然均违反了有关规定，但是也不能认定中标无效。在这种情况下，电力局在发出"中标通知书"后拒绝与新城公司签订采购合同，违反了《中华人民共和国政府采购法》第七十一条的规定，应责令改正，警告并同时处以罚款，行政管理部门或者有关部门应当对相关负责人给予处分并通报。由于电力局拒绝签署采购合同，新城公司失去了可得利润 17.64 万元，对此电力局还应当承担缔约过失的责任，赔偿新城公司的该项损失。

因此，行政机关应加强对合同订立的管理，明确合同订立的业务范围和签订的事项，任何应签署合同的业务和事项应以书面形式进行签订合同，以确定双方的权利和义务。当单位遇到不确定性事项时，有必要邀请专业的技术、会计、审计和法律等方面的外部人员参与，让有胜任能力的专家给出科学的建议，以避免事后不必要的损失。

（三）合同履行监督不严格

[典型案例] 某大学采购教学用品，采购预算为 39.09 万元，中标金额为 35.22 万元，采购合同规定供应商应在 2020 年 9 月 25 日之前完成供应并安装到位。但是，在交付期间，供应商在交付期间仅提供了 21.29 万元的教学用品，其中供应商所提供的排椅物品的规格、参数和采购合同要求存在较大偏差。目前仍有 13.93 万元的教学家具没有供货。为此，该大学一再与供应商联系，但每次供应商用各种原因阻止了沟通。按采购合同要求已超过供货时间 260 天（截止到 2021 年 6 月 15 日），采购合同规定，每超期供货一天应按合同金额的 3% 赔偿违约金。据了解，经测算供应商

应交违约金 274.7 万元。供应商违约拒绝供货的主要原因：供应商哈尔滨代理负责人因企业内部纠纷，将 13.93 万元的教学用具"卷走"。供应商总公司不但不积极采取措施，把给用户造成的经济损失降到最低，反而一拖再拖，至今没有供货，该校被迫向供应商发出解除合同的通知。

[案例分析] 本案揭示了政府采购合同履行中合同的监督中存在的诸多问题。首先，对合同履行监督的重要性的认识不够，没有充足有效的方法来限制供应商，合同履行监管薄弱；第二，合同履行违约追究制度不健全，关于如何惩罚违约供应商没有法律依据，客观地给予供应商进行违约行为的机会；第三，政府采购合同的宣传力度是不够的，并没有形成追求合同履行高质量的良好氛围。政府采购是财政支出改革的重要组成部分。为此，政府采购监督管理部门要高度重视严重违约行为，依法加大监督和处罚力度。特别是家具、电子网络、房屋修缮和装修等政府采购项目的合同履行应视为重点的行业并进行监督。加强宣传政府采购合同质量的政策的重要性，从而保证政府采购的标准化、完整性和严肃性，确保政府采购公平公正，最大限度地提高财政资金的使用效率。

（四）合同的管理方面缺乏有效控制

[典型案例] 某单位的供应商 A 公司因为单位拖欠 A 公司人民币 21 万元向法院提交了要求该单位支付全额货款和违约赔偿金的请求，该单位的账户立即被当地法院冻结。该单位决定尽快支付货款 21 万元，试图说服 A 公司尽快撤回诉讼并解封冻结账户。然而，律师在与 A 公司的电话交谈中发现对方的态度非常坚定，并坚持要求该单位在货款基础上，必须支付违约赔偿金及相关诉讼费用等 6 万元，并表示只有购买价格及相关费用总计 27 万元确认到达 A 公司账户，A 公司方可办理撤诉。此单位财会部门按照公司合同条款计算出违约金数额应该为 1 万元。A 公司的违约赔偿金数额受到质疑，双方就违约金的数额上没有达成一致，最后该单位决定打这个官司。然而，经过律师的论证、调查和分析，在法庭上辩护，并由法官调解，该诉讼的最终结果是：除了支付 21 万元人民币的货款外，该单位还额外支付了 6 万元的违约金和相关费用。

在该单位合同档案中，无法找到与 A 公司例行续订的经济合同。但是 A 公司在提供给当地法院的信息中，A 公司有一份由该单位签署的原始合同，其中"其他协议事项"栏中还有其他手写条款："如果存在争议，双方将进行沟通协商，如果协商不成功，原告人民法院将依法予以解决。如果延期付款，违约金按照 3 倍的银行贷款利率执行"。

根据该单位负责 A 公司业务的业务人员说，该单位没有找到 A 公司签订的合同的原因是在年初合同续签的时候，业务人员在领导批准后按照习惯办理了续约合同的起草并盖上了合同章，然后将其发送给对方并要求对方盖章并寄回，但后来忘了催发，导致未能拿到对方盖章确认的合同原件。业务人员确信他们当时发送的原始合同的"其他同意事项"是空白的，并没有添加上述手写条款。A 公司从未与该单位谈过如上所述添加的其他约定。显然，A 公司了拿住合同并私下在合同中加入了所谓的"其他约定"。由于合同上有该单位的公章，A 公司增加了有利于本公司经济利益的条款不需要经过该单位同意，便为自己的日后诉讼埋好了伏笔。

[**案例分析**] 这家单位的合同管理存在以下漏洞。

1. 合同签订前的准备工作还不够

如果在签订合同之前没有对另一方信用审查，该单位将遭受经济损失。或者虽然信贷审查在早期阶段受到关注，但在履约过程中，对另一方的经营状况和财务状况缺乏持续的关注，该单位无法及时掌握对方信用变更信息，导致受到经济损失。

2. 合同文本的审查不严格

一般情况下，合同双方都希望使用本单位起草的文本作为样本合同，因为自己单位起草的文本，基本术语、格式和熟悉程度对于本单位是有益的，谈判使用其很方便。经办人对对方单位的文本通常不熟悉，并且合同信息量很大。甚至有些单位故意将文本写得很长，设置了很多文字陷阱，不谨慎则可能会掉入陷阱，对本单位不利。

3. 合同文本中的条款有漏洞

例如，在上述情况下，虽然公司使用的合同文本是根据公司法律顾问设计的模型实施的，条款中有"其他事项"等项目，但为了满足不同供应商的不同需求，事项下的内容一般不固定，需要在具体谈判后根据双方的共同意见进行填写。但是，如果没有其他说明，则应在此栏中注明"此项空白"或"没有其他协议"字样。该单位忽略了这些细节，用空白的其他协议让有些人钻了空子。此外，如果在发生争议时没有明确指定仲裁机构的位置，风险将会大大增加。

4. 合同章管理不严格

一般而言，合同是与客户签订的，在掌握基本原则的前提下，合同行为主要是为了满足双方的合理要求。那么异地合同哪一方先加盖印章？与供应商合作时，在供过于求的环境中，供应方理应处于被动位置，也就是说，根据双方协商的条件下，供应商应先在合同中盖章并将合同交给购买方。因此，上述案件中的合同盖章程序是值得讨论的。即使特殊情况下由购买方先盖合同章，也应该由专人追踪业务的后续，如果能做到这一点，损失也是可以避免的。

5. 合同档案管理不健全

当上述案件出现时，该单位未能找到还在有效期的经济合同，而另一方将印有该单位合同章的合同作为证据。虽然这些漏洞可以通过完善问责制度来解决，但在实际管理中，管理人员根据供应商的重要性不可避免地分配了自己的管理能力。因此，业务人员直接追查他们负责的供应商的合同文件显然是不合理的。

6. 合同管理的法律意识不强，应该增加对诉讼证据的重视程度

如果合同涉及诉讼，并非所有书面证据都具有法律效力。有效证据应当是原件，盖有合同章或签字，内容明确，不得超过时限的材料，没有法律效力的书面证据只是一纸空文。在合同履行过程中，不进行签证确认，当发生争议时，由于无法提供证据，可能会造成损失，法律意识不强的直接后果是企业遭受经济损失。

行政事业单位合同管理是单位管理中的一部分，由于单位与外部单位签订的合同所涉及的金额较大、非常规事项较多，因此，合同管理一旦失效很可能为单位带来很大的风险，所以行政事业单位应该更加重视合同管理制度的建设与执行，应该根据内控的目标和原则，建立适合单位的合同管理制度，并随着经济和政策的变化对合同管理制度进行不断的修订，以达到降低风险提高效率的目的。

第五章　监督与评价

第一节　行政事业单位内部控制的内部监督

根据财政部 2012 年发布的《行政事业单位内部控制规范（试行）》（财会〔2012〕21 号）第六十条规定：

"单位应当建立健全内部监督制度，明确各相关部门或岗位在内部监督中的职责权限，规定内部监督的程序和要求，对内部控制建立与实施情况进行内部监督检查和自我评价。"

一、内部监督基本概念

行政事业单位通过日常监督、专项监督等方式进行内部监督，对内部控制的建立与运行展开监控，推动内部控制体系的有效实施与改进完善，降低各类风险，实现控制目标。除此以外，内部控制评价也是开展内部监督的一种方式。

（一）日常监督

日常监督，是指单位对建立与实施内部控制的情况进行常规的、持续性的监督检查，避免运作过程中出现偏离。如日常工作中是否遵守法律法规、是否落实各项会议要求等。

（二）专项监督

专项监督，是在日常监督的基础之上，针对系统中的重点领域、高风险节点或其他制度额外规定等情况进行的专职专项监察。如单位组织架构、经济活动、关键岗位人员等出现变化或调整时往往需要开展专项监督[34]。

二、内部监督实施主体

单位设立内部监督实施主体时，须坚持监督与执行相分离的原则，避免监督职能名存实亡。一般情况下单位内部的审计部门或岗位、纪检部门或岗位可以作为内部监督的具体实施部门，开展定期或不定期的内部监督工作，对于查出的问题及时进行处理。

三、内部监督实施内容

（一）单位层面的内部监督

单位层面的内部控制为业务层面内部控制提供环境基础，单位层面的内部监督以其内部控制的关注对象为基础进行相应日常监督、专项监督或内部控制评价。

单位层面内部控制涉及组织结构建设、决策议事机制、关键岗位管理、关键人员管理、会计系统建设、信息系统建设六个方面。具体监督时可参考如下五个方面：

（1）单位经济活动的决策、执行和监督是否相互分离。

（2）单位是否建立健全内部控制关键岗位责任制，是否明确岗位职责及分工，是否确保不相容岗位相互分离、相互制约和相互监督。

（3）内部控制关键岗位工作人员是否具备与其工作岗位相适应的资格和能力。

（4）单位是否根据《中华人民共和国会计法》的规定建立会计机构，配备具有相应资格和能力的会计人员。

（5）单位是否充分运用现代科学技术手段加强内部控制。

（二）业务层面的内部监督

业务层面的内部监督以其内部控制的关注对象为基础进行相应日常监督、专项监督或内部控制评价。

业务层面的内部监督具体涉及预算管理情况、收支管理情况、政府采购管理情况、资产管理情况、建设项目管理情况以及合同管理情况等各个方面，具体监督时可参考下表5-1所示。

表 5-1   业务层面内部监督工作参考

序号	业务层面	内部监督内容
1	预算业务控制	（1）在预算编制过程中单位内部各部门间沟通协调是否充分，预算编制与资产配置是否相结合、与具体工作是否相对应； （2）是否按照批复的额度和开支范围执行预算，进度是否合理，是否存在无预算、超预算支出等问题； （3）决算编报是否真实、完整、准确、及时 ……
2	收支业务控制	（1）收入是否实现归口管理，是否按照规定及时向财会部门提供收入的有关凭据，是否按照规定保管和使用印章和票据等； （2）发生支出事项时是否按照规定审核各类凭据的真实性、合法性，是否存在使用虚假票据套取资金的情形 ……
3	政府采购业务控制	（1）是否按照预算和计划组织政府采购业务； （2）是否按照规定组织政府采购活动和执行验收程序； （3）是否按照规定保存政府采购业务相关档案 ……
4	资产控制	（1）是否实现资产归口管理并明确使用责任； （2）是否定期对资产进行清查盘点，对账实不符的情况及时进行处理； （3）是否按照规定处置资产 ……
5	建设项目控制	（1）是否按照概算投资； （2）是否严格履行审核审批程序； （3）是否建立有效的招投标控制机制；是否存在截留、挤占、挪用、套取建设项目资金的情形； （4）是否按照规定保存建设项目相关档案并及时办理移交手续 ……
6	合同控制	（1）是否实现合同归口管理； （2）是否明确应签订合同的经济活动范围和条件； （3）是否有效监督合同履行情况，是否建立合同纠纷协调机制 ……

四、内部监督的必要性

（一）提高单位服务管理水平

党的十八届三中全会提出推进"国家治理体系和治理能力现代化"，随着社会主义市场经济的不断发展，行政事业单位将会面临更加复杂多变的社会环境。保持良好的战斗能力、保持行政事业单位职能的有效发挥，是做好现代化征程的必要前提，而内部监督的实施将会促使单位根据环境变化不断做出科学合理决策，有效规避和化解各类风险，实现全心全意为人民服务。

（二）加强廉政建设和有效防范腐败

内部监督将会对行政事业单位各项工作开展监督检查，如果在资源分配与资产管理等过程中没有有效的监督机制，腐败现象将会滋生蔓延，尤其是在资金管理存在漏洞、合同控制存在不足时，更容易导致一些干部利用职权贪污受贿。内部监督的不断强化将会加强对制度、资源以及人员的事前、事中、事后控制，填补制度运作漏洞，把权力关进制度的笼子，推进廉政建设和防腐败机制建设。

（三）提高资源配置效率

内部监督将会有效推进内部控制体系的建设和完善，运行良好的内部控制体系有利于单位各部门优化管理结构，提高沟通效率，加强预算、收支、采购、资产等的控制，弥补管理能力和管理水平的不足，减少资源的闲置与浪费，提高资源配置效率。

五、内部监督存在的问题

（一）内部监督意识薄弱

部分行政事业单位内部监督制度与体系建设意识薄弱，盲目搬抄国家发布的法律法规，没有将单位实际情况考虑在内进行量身定做，最终造成的结果是内部监督流于形式、工作开展形式化、制度出台后执行难等问题。同时对于内部控制建设重要性的认知程度不够，认为内部监督仅仅是部分人员的工作职责或应付有关部门人员进行检查的一项内容，对查出的问题不予以足够的重视，监督力度不够造成后期缺乏相应的维护与完善。

（二）内部监督机制不健全

在缺乏对内部监督的足够认知下，部分单位简单认为内部控制就是内部监督。这一方面造成单位内部控制制度不健全，另一方面也使得内部监督机制不能够有效与单位组织架构、经济业务活动有机融合，使之缺乏实际的可操作性。比如在内部控制方面，部门或岗位设置不健全，出现一人多岗、不相容岗位不分离现象，在内部监督过程中对单位检查出现的问题往往只是事后弥补，缺乏事前、事中监督，监督人员独立性不强，监督过程中无法杜绝监督人员监守自盗、以权谋私等行为。

（三）内部监督人员综合能力较低

内部监督人员缺乏相应的技能与知识培训，对现代化的内部监督技术掌握不清，无法安排科学合理的监督工作，使得内部监督与实际需要脱节。同时一些内部监督人员对履行自身责任与义务认识不清，监督过程流于形式，无法将真实的情况反映出来。部分单位存在内部监督人员管理不当、不对内部监督人员进行资格审查等问题，无法确保用人符合制度规定、拥有相应的胜任能力。

（四）内部监督信息化水平不足

部分单位在内部监督体系建设中忽视利用信息化手段在关键岗位与流程节点上进行控制。没有通过统一信息监督平台，将监督数字化、模型化、智能化，无法利用信息技术实时反映、回溯追查，对违法违纪的党员干部、普通职工问责追责。同时，由于人工效率低下，难以在事前、事中、事后过程中及时对漏洞进行筛查检验，检验过程也无法降低人为干扰因素，内部监督水平参差不齐。

六、做好内部监督的有效措施

（一）加强内部监督环境建设

行政事业单位应在坚持全面性、重要性、客观性和规范性的原则下，依照国家法律法规，因地制宜地建立内部监督体系。首先，制度上责任明确，根据单位与业务的不同在关键岗位或流程上加强制度设计与人员管理。其次，改革组织与人事管理架构，去除不合理部门、岗位，引入绩效考核机制并确保内部监督部门的独立性。同时创新管理体系，完善问责机制并将惩罚落到实处，完善奖励机制推动内部监督工作科学、合理、有效。最后加强对单位各级领导干部管理，坚决杜绝特殊人员独立于监督之外。

（二）加大监督审查力度

单位内部控制体系建设的发展与完善依赖于内部监察是否完整到位。

要积极听取被监督部门成员意见，将反馈内容体现到监督流程过程中，不断优化调整监督内容，对监督不力或消极怠工的人员进行严厉处罚。同时建立科学完整的内部监督管理程序，将相应的内部信息进行公开。其次扩大内部监督检查范围，通过信息化等手段拓展监督方式，加强日常与专项监督频率，对以往薄弱环节加强监督和管控，鼓励各部门相互监督确保监督执行的公平性和有效性。

（三）提高单位人员综合素质

与上市公司相比，行政事业单位内审主动性意识往往不强，依赖外部纪检监察较多。行政事业单位人员尤其是高级管理人员应主动提高内部监督建设工作意识，加强环境建设，提高单位人员工作责任意识，设立专门内部监督工作小组，同时加强技能培训，对内审工作较为出色的外部单位及时派出人员进行交流学习，提高自身专业水平。对专业性强、积极性高、沟通能力好的人员予以应有的重视和培养，提高人员责任感，将内部监督贯穿于单位上下全过程，及时发现问题、解决问题，打消互相推诿的歪风邪气。

（四）提高信息化水平

行政事业单位根据自身需要引入信息技术与设备，构建新型的内部监督体系，对预算管理、收支管理、采购管理、资产管理、建设项目管理和合同管理等全过程的内部控制信息化系统实现监督全覆盖或对重点领域实现全覆盖。同时，对于信息化管理设置牵制机制，提高监督工作的效率。加强单位人员信息化培训，推动单位各项业务信息化、智能化水平，使各项信息数据及时有效可追溯，提高行政事业单位资源管理和配置的水平。

第二节　行政事业单位内部控制的外部监督

一、外部监督实施主体

行政事业单位内部控制的外部监督是指本单位以外的组织或机构依照相关法律法规或职能对本单位进行的监督检查。一般情况下实施主体有上级主管部门、财政部门、审计部门、纪检监察部门等。在实际工作开展中，不同的行政事业单位会受到不同的外部主体的检查，具体情况具体决定。本书以行政事业内部控制为主要撰写内容，对于外部监督如何运作不作详细阐述。

（一）上级主管部门

上级主管部门依照法律法规对所管单位开展监督工作，应坚持日常监督与专项监督相结合，事前监督、事中监督、事后监督相结合，对发现的内部控制问题提出相应建议并督促及时改进。具体法律法规条款主要如下：

《行政单位财务规则》（财政部令第 113 号）第六十条规定："行政单位应当遵守财经纪律和财务制度，依法接受主管预算单位和财政、审计部门的监督。"（原《行政单位财务规则》财政部令第 71 号已废止）

《事业单位财务规则》（财政部令第 108 号）第六十三条规定："事业单位应当遵守财经纪律和财务制度，依法接受主管部门和财政、审计部门的监督。"（原《事业单位财务规则》财政部令第 68 号已废止）

（二）财政部门

财政部门可通过日常监督、专项监督等方式对被检查单位开展内部控制监督检查工作，对监督检查工作中发现的问题督促被检查单位进行整改或复查，具体法律法规条款主要如下：

《行政事业单位内部控制规范（试行）》（财会〔2012〕21 号）第六十四条第一款规定："国务院财政部门及其派出机构和县级以上地方各级人民政府财政部门应当对单位内部控制的建立和实施情况进行监督检查，有针对性地提出检查意见和建议，并督促单位进行整改。"

《财政部门实施会计监督办法》（财政部令第 10 号）第三条第一款规定："县级以上财政部门负责本行政区域的会计监督检查，并依法对违法会计行为实施行政处罚。"

《财政检查工作办法》（财政部令第 32 号）第二条和第三条规定"县级以上人民政府财政部门及省级以上人民政府财政部门的派出机构（以下统称财政部门）依法履行财政监督职责，纠正财政违法行为，维护国家财政经济秩序，对单位和个人执行财税法规情况以及财政、财务、会计等管理事项进行检查的活动。"

《财政部门监督办法》（财政部令第 69 号）第二条规定"县级以上人民财政部门依法对单位和个人涉及财政、财务、会计等事项实施监督。"

（三）审计部门

审计机关，是指国家对财政、财务收支活动和经济效益进行审查监督的专门机关。根据《中华人民共和国审计法实施条例》（国务院令第 571

号）规定："审计署以下各级审计机关受本级人民政府和上级审计机关双重领导，对本级政府和上级审计机关负责并报告工作。各级审计机关依照法律规定独立行使审计监督权，不受其他行政机关、社会团体和个人的干涉。"

《行政事业单位内部控制规范（试行）》（财会〔2012〕21号）第六十四条第二款规定："国务院审计机关及其派出机构和县级以上地方各级人民政府审计机关对单位进行审计时，应当调查了解单位内部控制建立和实施的有效性，揭示相关内部控制的缺陷，有针对性地提出审计处理意见和建议，并督促单位进行整改。"

《中华人民共和国预算法》第八十九条第一款规定："县级以上政府审计部门依法对预算执行、决算实行审计监督。"同时，第九十条规定："政府各部门负责监督检查所属各单位的预算执行，及时向本级政府财政部门反映本部门预算执行情况，依法纠正违反预算的行为。"

（四）纪检监察部门

纪检监察是党的纪律检查机关和政府的监察部门行使的两种职能。高效的纪检监察部门是推动行政事业单位治理体系和治理能力现代化的重要抓手，是防范舞弊和反腐败的重要手段，有利于坚决贯彻落实党的理论、路线方针政策以及党委决策部署。具体法律法规条款主要如下：

《中国共产党工作机关条例（试行）》第二十四条规定："党的工作机关领导班子应当自觉接受党内监督和群众监督。领导班子成员应当如实向党组织报告个人有关事项、述职述廉述德，接受组织监督。"

《中华人民共和国监察法》第十三条规定："派驻或者派出的监察机构、监察专员根据授权，按照管理权限依法对公职人员进行监督，提出监察建议，依法对公职人员进行调查、处置。"

二、外部监督的必要性

（一）内部监督具有天然的局限性

内部监督虽然可以推动行政事业单位内部控制建设的完善和发展，但内部监督本身是单位对自己的监督检查，存在天然的独立性不足等问题。在实际运行过程当中往往很容易受到内部管理人员的意志操纵，同时监督人员与被监督人员相互包庇、串通舞弊等现象也层出不穷，若组织架构、岗位设置、业务流程不规范，监督人员业务能力不满足要求，仅仅靠内部监督则无法保证内部控制的有效实施。

（二）外部监督可提高行政事业单位现代化治理能力

行政事业单位内部控制是政府实现依法管理和现代化治理的重要组成部分，通过外部监督一方面可以弥补内部监督的不足，另一方面可以提高各单位工作透明度，加强单位间沟通联系、提高运作效率并对各单位的权力形成有效制约，更好地履行自身职责。同时外部监督可以提高单位人员内部控制建设意识，有利于各单位贯彻落实党和国家的各项政策方针，实现社会资源的合理配置，提高人民群众的幸福度和满意度。

三、内部监督与外部监督的关系

行政事业单位内部控制的内部监督与外部监督并非割裂的监督体系，在进行外部监督的过程中应充分利用被监督单位已有的监督资源，对内部控制建设情况进行监督检查。内部监督部门应配合外部监督工作，及时将自身掌握的情况进行反映，避免监督遗漏或监督重复，提高监督质量。同时行政事业单位还应重视社会公众的监督与投诉，对单位人员的各类违法违纪行为一经落实，严格处理。以内外监督与社会公众监督形成的合力，不断提高行政事业单位的服务质量和水平。

第三节　行政事业单位内部控制的自我评价

行政事业单位内部控制评价水平的提高有利于提高单位整体内部控制水平，从而使其加强资产管理水平、增强风险防范能力、推动廉政建设和更好地维护公众利益。2012 年《行政事业单位内部控制规范（试行）》（财会〔2012〕21 号）详细阐述了行政事业单位在内部控制方面应遵循的原则和规定，为我国开展行政事业内部控制评价工作提供了原则性指导；为进一步推动内部控制评价的进行，财政部随后又颁布了《关于开展行政事业单位内部控制基础性评价工作的通知》（财会〔2016〕11 号），要求2016 年下半年在全国各级各类行政事业单位开展内部控制基础性评价工作，以量化评价为导向，对单位内部控制基础情况进行"摸底"评价。目前河北省行政事业单位的评价工作仍处于基础阶段，其发挥的效能也受到了限制，本书对行政事业单位内部控制评价的问题进行分析并提出解决措施，希望进一步提高行政事业单位内部控制评价水平。

一、内部控制评价必要性

（一）政策以及法律规范要求

从党的政策来看，党始终坚持以为人民服务为宗旨，注重通过行政事业单位职能的正确行使来保障人民利益。党在十八届四中全会审议通过的《中共中央关于全面推进依法治国若干重大问题的决定》中明确要求"深入推进依法行政，加快建设法治政府"。将政府内部控制作为依法治国的重要组成部分，这为各级行政事业单位的内部控制建设提供了一个良好的政治环境，为我国政府内部控制制度建设提供了理论依据和思想指引。党的十九大进一步要求深化依法治国的实践，推进依法行政，通过严格规范实现公正文明执法；党的二十大指出要转变政府职能，坚持法治政府的同时优化政府职责体系和组织结构，提高行政效率和公信力。因此要统筹考虑各类机构设置，科学配置党政部门，在调整内设机构权力的同时明确职责。同时，统筹使用各类编制资源，形成科学合理的管理体制。转变政府职能更要深化简政放权，创新监管方式，增强政府公信力和执行力，建设人民满意的服务型政府。深化行政事业单位改革，强化公益属性，推进政事分开、事企分开、管办分离。

从法律规范来看，我国关于内部控制评价工作的法律规范在不断完善。财政部印发了《行政事业单位内部控制规范（试行）》（财会〔2012〕21号），自2014年1月1日起实施，详细阐述了行政事业单位在内部控制方面应遵循的原则和规定，为我国开展行政事业内部控制工作提供了原则性指导。按照《财政部关于全面推进行政事业单位内部控制建设的指导意见》（财会〔2015〕24号）的要求，全国各类行政事业单位应当依照《行政事业单位内部控制规范（试行）》（财会〔2012〕21号）于2016年年底前完成内部控制的建立与实施工作。为了进一步推进行政事业单位内部控制评价工作的进行，2016年6月发布了《财政部关于开展行政事业单位内部控制基础性评价工作的通知》（财会〔2016〕11号），要求各单位对内部控制情况进行"摸底"评价，并在2016年年底报送基础性评价报告。

以上内容不难发现，国家关于内部控制评价的政策和法律规范正在不断完善，这一方面体现了国家对行政事业单位内部控制评价工作的重视程度，另一方面也对行政事业单位的内部控制评价工作提出了更高的要求。

（二）实践要求

实践是法律规范和理论研究的最终归宿和根本动力。完善法律法规，进行理论研究是为了更好地指导实践。2012 年 11 月 29 日，财政部印发《行政事业单位内部控制规范（试行）》（财会〔2012〕21 号），要求各单位自 2014 年开始推行，但河北省大多数单位并未积极实施，从 2016 年要求财政厅上报基础评价时才开始重视并建立内部控制手册。据初步了解，多数单位内部控制手册存在照搬企业内容或内容过于粗糙等问题，从而很难有效发挥作用。总体而言，河北省行政事业单位的内部控制建设相对滞后，内部控制评价工作还处于摸索阶段，这不仅制约了河北省行政事业单位的工作效率和效果，也影响了行政事业单位的会计信息质量，进而有损于政府部门的社会形象。因此，以河北省当前各行政事业单位内部控制的现状来看，进行相关研究和评价是十分必要的。

二、内部控制评价的作用

对河北省各行政事业进行高质量的内部控制评价具有重要意义，具体可以从三方面进行分析：首先，可以推动单位内部控制体系的持续完善，达到"以评促建"目的。评价的目的并不是为了评价本身，而是希望通过评价了解内部控制的现状并对其中薄弱的地方进行整改，改变当前河北省行政事业单位内部控制体系建设走过场、流于形式的不利局面，使法规要求和内部控制建设及评价实现无缝落地，并不断完善，形成能够持续改进的长效机制，提高河北省行政事业单位内部控制水平。其次，有利于增强单位廉政风险的防控能力。廉政风险是行政事业单位面临的一个重要风险，开展单位内部控制评价工作，对行政事业单位所有风险点尤其是高风险领域相应的制度设计以及实际执行情况开展检查，有利于促使经济活动符合法律规范，防止政府贪污腐败行为，推动建立其预防腐败的长效机制。最后，各单位通过有效的内部控制评价工作，完善内部控制，加强廉政建设，提高各单位的服务水平，有利于从根本上保障社会公众的利益。

第四节　行政事业单位内部控制评价问题及原因分析
——以河北省为例

本节从内部控制评价环境、内部控制评价体系建设、内部控制评价实施以及内部控制评价保障机制四个方面进行全面分析，以河北省为例描述各单位在具体工作中遇到的问题以及形成原因。

一、内部控制评价环境不佳

内部控制评价环境是进行内部控制评价工作的基础，优良的内部控制评价环境有利于顺利推进内部控制评价工作，赵小刚（2016）通过对平谷区事业单位的问卷调查分析，发现很多行政事业单位面临着内部控制管理人才缺乏以及内部控制建设上的不足，致使单位内部控制评价环境较差[35]。目前河北省各单位整体内部控制评价不佳也成为阻碍当前内部控制评价进行的一个重要原因，造成内部控制评价环境不佳的原因主要有以下几个方面：

（一）内部控制评价法律不完善

通过分析发现，内部控制评价相关法律的完善对具体工作的实施具有重大的推进作用，尤其是在内部控制评价初期，单位人员对内部控制评价认知不足时，法律的完善和健全是内部控制评价工作顺利进行的一个重要保障。当前我国相关法律法规的完善程度虽说相较之前有了很大进步，但还是有所欠缺，评价很多时候依然无法可依。

（二）内部控制评价认知不足

内部控制评价认知不足是当前内部控制评价工作不畅的根本原因。一方面，单位领导对内部控制评价没有充分而清醒的认识，内部控制评价工作在单位内部就会得不到重视，也起不到相应的效果；单位职员没有充分的认识就不会关注自身综合素质是否需要提高，对待工作也会缺少足够的谨慎，内部控制评价就难以发挥作用。另一方面，对其充分的认知是构建内部评价框架、实施评价工作的基础，认知上的不足有可能导致下一步工作上的失误。

（三）内部控制建设工作不到位

首先各单位存在着内部控制建设推进缓慢的问题。例如，部分单位内部控制手册并未完成、部分单位只是制定了内部控制手册但并未监督和落实。在具体落实中也不难发现，信息披露工作不到位也是常见现象。由于信息不公开、不透明，评价缺乏有效信息的支撑，同时单位内部各部门之间也存在着信息沟通不畅的问题，进一步阻碍了信息的传播，使得信息处理的流程受到了阻碍；部分单位还存在职责分工和内部牵制工作不到位、内部控制责任落实不到位等问题，这使得行政事业单位内部控制环境十分薄弱。

二、内部控制评价框架不健全

健全的内部控制评价框架是各行政事业单位进行内部控制评价的前提，目前随着相关政策以及法律规范的出台，河北省各单位逐渐开始构建内部控制评价体系。但是，大多单位内部控制评价工作处在摸索阶段，单位评价体系的构建只是按照法律法规内容，或对现有的企业内部评价框架进行借鉴，并未结合自己单位实际情况开展工作。这也导致各单位内部控制评价框架不够健全，具体表现在以下几方面。

（一）内部控制评价模式较为落后

当前，在河北省各单位内部控制评价实施过程中，评价模式主要为单一的目标导向评价模式或要素导向评价模式，此两种模式各有优点但也有不足。目标导向的评价模式主要关注外部利益相关者的需求，不过评价较为片面；要素导向的评价模式主观性强并且成本较高，总的来说具有一定的落后性和单一性，难以满足当今经济发展的需要。

（二）内部控制评价指标不科学

内部控制评价指标是内部控制评价框架建立的基础，只有建立科学的评价指标，才能对内部控制工作作出科学的评价。当前各单位在构建评价指标时并未考虑行政事业单位自身的特点，指标的权重没有通过科学的分析程序进行设置，最终结果是设置不得当，造成评价结果出现偏差。

（三）内部控制评价标准不合理

评价工作离不开合理的评价标准，评价标准需要经过科学的计算以及实践的检验才能逐步得出。在建立科学的内部控制评价指标基础上确立行之有效的评价标准，是建立内部控制评价框架的重要环节。我国目前还没有权威的内部控制标准体系，这部分内容没有得到应有的重视，部分单位存在着忽视内部控制评价标准的问题，其标准缺乏指导性并影响最终的评价质量。

三、内部控制评价实施缺乏有效性

（一）内部控制评价主体不合理

内部控制评价主体应该具备独立性和权威性，因此在实际工作中内部控制评价主体一般是由内部审计部门担任，并由担任主体制定评价方案以及具体实施措施。由于内部控制评价是一项十分复杂的工程，评价主体还需要具备一定的专业素质。而现实情况是河北省各单位内部控制评价主体一方面达不到以上要求，另一方面各单位进行内部评价主要是为了满足内部监督的规定要求，对外部监督的作用选择忽视。

（二）内部控制评价方法单一

评价方法是评价实施的重要环节，无论采用哪种形式的评价方法，最终目的都是保证评价结果的可靠性。因此评价方法不应采用单一的方式，而是根据单位实际情况采用多种方法进行评判。事实上部分单位为了方便省事，大多采用较为单一的评价方法或只采用定性法开展工作，这使得评价结果具有较大的主观性，评价质量更是得不到保证。

（三）内部控制评价程序不规范

河北省目前多数行政事业单位的内部控制评价流程不完整，需要进一步完善。具体来说，首先是评价的主导方需要在科学的评价框架体系内以及必要的评价活动基础上得出评价结果，之后再由评价部门公示评价结果，编制评价报告。在经过必要的审核和汇报程序后，依据评价报告成立整改小组，对评价工作中发现的问题进行整改和完善。

四、内部控制评价保证机制不完善

虽然很多单位完成了内部控制评价体系的构建，但是大多没有建立与之相匹配的保证机制。外部监管不到位，对单位内部评价工作进行缺乏监管，有的单位便放松警惕，敷衍了事；从另一个角度看，单位内部评价工作没有奖惩机制，没有调动单位职工工作的积极性和主动性的机制，造成了内部评价质量较低的现象。此外，有的单位还出现了在完成评价之后，对评价结果不重视，评价工作得不到落实的情况。

以上分析不难看出，虽然进行内部控制评价工作的总体趋势稳中向好，但也同样存在诸多不可忽视的问题。由于各种因素的局限，对上述问题分析并不全面与到位，还需要通过进一步的研究和实践才能逐一挖掘。

第五节　解决行政事业单位内部控制评价问题的对策

针对前文中内部控制评价存在的诸多问题，在结合实践工作的基础上，本书提出相应解决措施，希望能够为内部控制评价理论体系的完善提供有益思考，也希望为推动河北省各行政事业单位内部控制评价工作提供有益借鉴。

一、改善内部控制评价环境

良好的环境有助于推进单位内部控制评价工作的进行。行政事业单位自身、监管部门以及社会公众应该共同努力，积极为其营造良好环境。行政事业单位首先要加强内部控制人才队伍建设，强化职工内部控制意识。尤其是单位领导人，不仅要做到重视内部控制工作，还要加强自我学习，逐步提高自己的业务能力以适应工作的需求；与此同时单位要结合内外部实际情况积极推进单位内部控制建设工作：将制定的内部控制手册有效落实，推进信息公开化，加强单位职工之间的沟通以及落实内部控制责任和内部牵制机制。相关部门要加强立法工作，不断推进相关法律法规的完善，实现有法可依，为各单位内部控制评价工作的进行提供规范；作为社会公众要充分认识到自己作为人民群众的主体地位，扮演好外部监督者的角色，督促相关政府部门职能的行使，在自己有能力的前提下积极进言献策，最终在多方共同努力下为单位推进内部控制工作营造良好的环境。

二、完善内部控制评价框架

完善行政事业单位内部控制评价框架、解决内部控制评价框架体系构建中的问题。首先要将两种单一的评价模式进行整合，充分发挥两种评价模式的优点，避开缺点，形成合理的内部评价模式；其次应该注意结合本单位的实际情况，科学制定评价指标。需要注意的是评价指标并不是一成不变的，随着单位评价工作的推进，要在规定的范围内对评价指标作出适当调整，更换不适用的指标；在单位层面评价指标上需更多关注单位重视程度和制度健全情况，在业务层面评价指标上需更多关注内部控制制度执行和有效落实情况。比如最初设置时单位层面评价指标权重占60%，业务层面占 40%，随着内部控制评价工作的不断进行，可以适当提高业务层面评价指标的权重，使评价工作更多转向单位的业务层面。

三、推进内部控制评价实施

在具体评价工作实施的过程中，要注意发挥外部监督对于内部评价主体的补充监督作用；面对具体实施内部控制评价方法单一的问题，为保证评价结果的客观真实，应综合采用多种评价方法，除了传统的定性法，还应该采用定量法。王双（2013）等系统地分析了层次分析法（AHP）、模糊层次分析方法和熵值法，并综合分析得出利用层次分析法确定权重，建立综合评价模型的方法较为恰当，但要注意进一步规范内部控制评价的流程[36]；薛秀芳（2018）指出流程的规范化有利于明确评价工作的具体流程以及所需要开展的顺序步骤，并根据实际情况指出开展评价的具体方法，这样的内部评价程序将会在一定程度上降低员工工作行为的随意性，保证评价工作的客观性，从而保证评价结果的准确性[37]。

四、建立内部控制评价保障机制

作为对单位内部控制评价的补充，国务院财政部门及其派出机构、县级以上地方各级人民政府财政部门、国务院审计机关及其派出机构、县级以上地方各级人民政府审计机关应对内部控制评价质量进行监督，督促相关单位以最高质量完成内部控制评价工作。更重要的是各行政事业单位要构建完善内部控制评价标准，建立健全奖惩和追责机制。内部控制人员的工作态度是影响评价质量的重要的一环，应充分调动其工作的积极性，对执行内部控制成效显著的机构和人员提出表彰，对违反内部控制的机构和人员提出处理意见，进行问责；除此之外还要注意评价工作的连续性和评价结果的落实，发现问题要及时解决。

内部控制评价对行政事业单位加强内部控制建设、加强廉政建设以及提高政府服务水平具有重要意义。党的十八大、十九大提出依法治国、深化行政体制改革和加快转变政府职能的要求，党的二十大指出优化政府职责体系和组织结构，提高行政效率和公信力。伴随着一系列法律规范的出台，对行政事业单位内部控制的要求更加强化，行政事业单位内部控制评价问题得到了越来越多的关注。本书在对前人研究成果进行分析和探讨的基础上，结合地方特色，针对当前河北省行政事业单位内部控制评价问题，从内部控制评价环境、内部控制评价框架体系建设及其实施、保障机制四个方面进行了较为全面的剖析，并对这些问题提出了具体应对建议。行政事业单位自身、监管部门以及社会公众都应该共同努力，共同推进各行政事业单位内部控制评价工作，助力提高其为人民服务的水平。但是，由于资料搜集的局限性以及个人能力的欠佳，分析的问题和提出的建议难免存在不足，尚且需要进一步研究，希望以上内容能够为丰富相关理论研究和指导实践工作提供一定帮助。

第六章　内部控制报告编制

第一节　行政事业单位内部控制报告编制的法律依据

行政事业单位应依据财政部 2017 年 1 月 25 日印发的《行政事业单位内部控制报告管理制度（试行）》（财会〔2017〕1 号）和财政部 2023 年 4 月 19 日发布的《关于开展 2022 年度行政事业单位内部控制报告编报工作的通知》（财会〔2023〕6 号）等文件开展内部控制报告的编制工作。对于有关编报工作的通知，财政部每年会进行相应的更新，各省份会根据财政部出台的文件进行调整并颁布本省的通知文件，各单位需结合实际情况进行查看。

一、内部控制报告的概念

内部控制报告是指行政事业单位在年度终了，结合本单位实际情况，依据《行政事业单位内部控制规范（试行）》（财会〔2012〕21 号）和《财政部关于全面推进行政事业单位内部控制建设的指导意见》（财会〔2015〕24 号），按照制度规定编制的能够综合反映本单位内部控制建立与实施情况的总结性文件。

二、编制内部控制报告的目的

为了进一步加强行政事业单位内部控制建设，规范行政事业单位内部控制报告的编制、报送、使用及报告信息质量的监督检查等工作，促进行政事业单位内部控制信息公开，提高行政事业单位内部控制报告质量，以更好地发挥内部控制在提升单位内部治理水平、规范内部权力运行、促进依法行政、推进廉政建设中的重要作用；因此，需要编制内部控制报告。

第二节　行政事业单位内部控制报告的编写要求及注意事项

一、内部控制报告的要求、编制原则、责任主体及开展方式

（一）编制内部控制报告的总体要求

1. 高度重视，精心组织

各地区、各行政主管部门（以下简称各部门）、各单位要提高对单位内部控制报告工作重要性的认识，加强组织领导，健全工作机制，强化协调配合，加大保障力度，加强内部控制人才队伍建设，进一步做好内部控制报告编报、审核、分析和使用等工作。

2. 数据准确，报送及时

各单位主要负责人对本单位内部控制报告的真实性和完整性负责。各单位应当在认真学习《行政事业单位内部控制规范（试行）》（财会〔2012〕21号）和《财政部关于全面推进行政事业单位内部控制建设的指导意见》（财会〔2015〕24号）的基础上，按照有关规定，根据本单位建立与实施内部控制的实际情况，及时编制和报送内部控制报告。

3. 加强分析，推动整改

各地区、各部门要在做好内部控制报告编报工作的基础上，坚持问题导向原则，加强对内部控制重点、难点的分析及评价结果的应用，并通过后续的指导和监督检查推动所属单位内部控制问题整改，逐步完善单位内部控制建设工作。

（二）编制内部控制报告应遵循的原则

《行政事业单位内部控制报告管理制度（试行）》（财会〔2017〕1号）第四条对行政事业单位编制内部控制报告规定有以下四个原则：

1. 全面性原则

内部控制报告应当包括行政事业单位内部控制的建立与实施、覆盖单位层面和业务层面各类经济业务活动，能够综合反映行政事业单位的内部控制建设情况。

单位层面的经济活动包括：内部控制的建设与启动、单位主要负责人承担的责任、对权力运行的制约、内部控制制度的完备状况、不相容岗位

与职责的分离控制、内部控制管理的信息系统功能覆盖等各项内容。

其中，内部控制的建设与启动方面应该包括组织结构、专题培训、风险评估和流程再造四个内容，在内部控制报告中的具体体现是单位是否成立内部控制小组、是否开展内部控制专题培训、是否开展内部控制风险评估、是否对单位经济业务流程进行梳理、是否编制经济业务流程图。

内部控制制度完备情况包括预算管理制度、收支管理制度、政府采购管理制度、资产管理制度、建设项目管理制度、合同管理制度和决策管理机制制度七个方面。在编制内部控制报告时应该结合单位实际情况对这七个方面的内容进行填制。

业务层面的经济活动包括：预算业务、收支业务、政府采购业务、资产管理、建设项目管理、合同管理等。

2. 重要性原则

内部控制报告应当重点关注行政事业单位重点领域和关键岗位，突出重点、兼顾一般，推动行政事业单位围绕重点开展内部控制建设，着力防范可能产生的重大风险。

在编制内部控制报告时，应该对行政事业单位需要重点关注的业务和关键岗位进行细致的描述、评价，并且还应该着重说明重点业务的风险点。例如，预算管理业务的重要风险点中可能会有不相容岗位相互融合从而造成控制失效的情况。所以在编制报告时应该重点关注单位在预算管理上是否做到了不相容岗位相互分离，具体措施是将预算的编制、审批、执行和分析评价这些工作是否由同一人同时担任进行单独列示评价。同样，也应该对收支业务管理、政府采购业务管理、资产管理、建设项目管理和合同管理方面的不相容岗位和主要的风险点进行单独的列示说明。

3. 客观性原则

内部控制报告应当立足于行政事业单位的实际情况，坚持实事求是，真实、完整地反映行政事业单位内部控制建立与实施情况。

行政事业单位在编制内部控制报告时应该结合本单位内部控制建设的实际情况如实描述，不能在编制内部控制报告时为了凸显本单位的内部控制体系的完整性而虚设内部控制部门和谎报内部控制制度。

4. 规范性原则

行政事业单位应当按照财政部规定的统一报告格式（附录1）及信息要求编制内部控制报告，不得自行修改或删减报告及调整附表格式。

（三）内部控制报告的责任主体

《行政事业单位内部控制报告管理制度（试行）》（财会〔2017〕1 号）第五条规定：

"行政事业单位是内部控制报告的责任主体，单位主要负责人对本单位内部控制报告的真实性和完整性负责。"

同时第六条规定：

"行政事业单位应当根据本制度，结合本单位内部控制建立与实施的实际情况，明确相关内设机构、管理层级及岗位的职责权限，按照规定的方法、程序和要求，有序开展内部控制报告的编制、审核、报送、分析使用。"

（四）内部控制报告编报工作的开展方式

《行政事业单位内部控制报告管理制度（试行）》（财会〔2017〕1 号）第七条规定："内部控制报告编报工作按照'统一部署、分级负责、逐级汇总、单向报送'的方式，由财政部统一部署，各地区、各垂直管理部门分级组织实施并以自下而上的方式逐级汇总，非垂直管理部门向同级财政部门报送，各行政事业单位按照行政管理关系向上级行政主管部门单向报送。"

二、内部控制报告编报工作的组织

（一）财政部负责组织实施全国行政事业单位内部控制报告编报工作

主要职责如下：

（1）制定行政事业单位内部控制报告的有关规章制度；

（2）制定全国统一的行政事业单位内部控制报告格式；

（3）布置全国行政事业单位内部控制年度报告编报工作并开展相关培训；

（4）组织和指导全国行政事业单位内部控制报告的收集、审核、汇总、报送、分析使用；

（5）组织开展全国行政事业单位内部控制报告信息质量的监督检查工作；

（6）组织和指导全国行政事业单位内部控制考核评价工作；

（7）建立和管理全国行政事业单位内部控制报告数据库。

注：①制定规章制度和制定报告的统一格式是财政部特有的职责；②财政部职责实施的范围是全国。

（二）地方各级财政部门负责组织实施本地区行政事业单位内部控制报告编报工作，并对本地区内部控制汇总报告的真实性和完整性负责

主要职责如下：

（1）布置本地区行政事业单位内部控制年度报告编报工作并开展相关培训；

（2）组织和指导本地区行政事业单位内部控制报告的收集、审核、汇总、报送、分析使用；

（3）组织和开展本地区行政事业单位内部控制报告信息质量的监督检查工作；

（4）组织和指导本地区行政事业单位内部控制考核评价工作；

（5）建立和管理本地区行政事业单位内部控制报告数据库。

注：（1）其职责与财政部类似，但是范围仅限于本地区；

（2）与财政部职责的区别：①地方各级财政部门不用制定行政事业单位内部控制报告的有关规章制度；②地方各级财政部门不用制定统一的行政事业单位内部控制报告格式。

（三）各行政主管部门应按照财政部门的要求，负责组织实施本部门行政事业单位内部控制报告编报工作，并对本部门内部控制汇总报告的真实性和完整性负责

主要职责如下：

（1）布置本部门行政事业单位内部控制年度报告编报工作并开展相关培训；

（2）组织和指导本部门行政事业单位内部控制报告的收集、审核、汇总、报送、分析使用；

（3）组织和开展本部门行政事业单位内部控制报告信息质量的监督检查工作；

（4）组织和指导本部门行政事业单位内部控制考核评价工作；

（5）建立和管理本部门行政事业单位内部控制报告数据库。

注：（1）其职责与财政部类似，但是范围仅限于本部门；

（2）与财政部职责的区别：①各行政主管部门不用制定行政事业单位内部控制报告的有关规章制度；②各行政主管部门不用制定统一的行政事业单位内部控制报告格式。

三、行政事业单位内部控制报告的编制与报送

（一）内部控制报告的编制

年度终了，行政事业单位应当按照制度的有关要求，根据本单位当年内部控制建设工作的实际情况及取得的成效，以能够反映内部控制工作基本事实的相关材料为支撑，按照财政部发布的统一报告格式编制内部控制报告，经本单位主要负责人审批后对外报送。

解释：

（1）报告编制时间：年度终了；

（2）报告编制要求：按照财政部发布的统一报告格式编制内部控制报告，经本单位主要负责人审批后对外报送。

例如：《关于开展 2022 年度行政事业单位内部控制报告编报工作的通知》（财会〔2023〕6 号）中附件 1：《2022 年度行政事业单位内部控制报告》。

（3）报告编制依据：根据本单位当年内部控制建设工作的实际情况及取得的成效，以能够反映内部控制工作基本事实的相关材料为支撑。相关资料包括内部控制领导机构会议纪要、内部控制制度、流程图、内部控制检查报告、内部控制培训会的相关资料等。

（二）内部控制报告的编制方式

财政部《关于开展 2022 年度行政事业单位内部控制报告编报工作的通知》（财会〔2023〕6 号）规定如下：

（1）各地区、各部门、各单位可于 2023 年 4 月 20 日后从财政部网站会计司频道（http://kjs.mof.gov.cn/）"在线服务"栏目中下载查阅内部控制报告填写说明、系统填报操作手册、讲解视频、单机版软件等编报资料。不宜采用网络方式填报的单位，请于 2023 年 4 月 20 日后在财政部网站会计司频道（http://kjs.mof.gov.cn/）"在线服务"栏目下载单机版软件填报。

（2）采用单机版报送的地区（部门）应当将从单机版填报软件中导出的各单位电子版内部控制报告，以及汇总内部控制报告的可编辑版本及加盖签章的封面扫描件报送财政部（会计司）。

解释：

（1）编制开始时间：2023 年 4 月 20 日后；

（2）编制渠道：财政部统一报表平台或单机版软件；

（3）编制内容：内部控制报告的可编辑版本及加盖签章的封面扫描件。根据是否适宜使用网络，编制内容分为在线版和单机版。

（三）内部控制报告的报送内容

财政部《关于开展 2022 年度行政事业单位内部控制报告编报工作的通知》（财会〔2023〕6 号）规定如下：

（1）各中央部门应当完成本部门所属单位内部控制报告的审核汇总，并在填报系统中上传汇总内部控制报告的可编辑版本及加盖签章的封面扫描件。内部控制报告应当由本部门主要负责人签章，并加盖公章。

（2）采用单机版报送的地区（部门）应当将从单机版填报软件中导出的各单位电子版内部控制报告，以及汇总内部控制报告的可编辑版本及加盖签章的封面扫描件报送财政部（会计司）。

解释：

（1）报送内容：内部控制报告的可编辑版本及加盖签章的封面扫描件或导出的各单位电子版内部控制报告；

（2）报送注意事项：审核汇总后方可进行报送，单机版报送单位需从软件中导出数据。

（四）内部控制报告的报送要求

行政事业单位应当在规定的时间内，向上级行政主管部门或财政部当地监管局报送本单位内部控制报告及能够反映本单位内部控制工作基本事实的相关材料。对于涉密信息、敏感信息要按照相关规定进行处理。

财政部《关于开展 2022 年度行政事业单位内部控制报告编报工作的通知》（财会〔2023〕6 号）中其他规定如下：

单机版编报。不宜采用网络方式填报的单位，请于 2023 年 4 月 20 日后在财政部网站会计司频道（http://kjs.mof.gov.cn/）"在线服务"栏目下载单机版软件填报。采用单机版报送的地区（部门）应当将从单机版填报软件中导出的各单位电子版内部控制报告，以及汇总内部控制报告的可编辑版本及加盖签章的封面扫描件报送财政部（会计司）。

解释：

（1）报送时间：规定时间内；

（2）报送对象：上级行政主管部门、财政部当地监管局或财政部（会计司）；

（3）报送形式：电子版或纸质版；

（4）注意事项：对于涉密信息、敏感信息要按照相关规定进行处理。

四、部门行政事业单位内部控制报告的编制与报送

（一）部门行政事业单位内部控制报告的编制

各部门应当在所属行政事业单位上报的内部控制报告和部门本级内部控制报告的基础上，汇总形成本部门行政事业单位内部控制报告。

各部门汇总的行政事业单位内部控制报告应当以所属行政事业单位上报的信息为准，不得虚报、瞒报和随意调整。

解释：

（1）部门行政事业单位汇总编制内部控制报告的依据：所属行政事业单位上报的内部控制报告和部门本级内部控制报告；

（2）部门行政事业单位内部控制报告的编制要求：应当以所属行政事业单位上报的信息为准，不得虚报、瞒报和随意调整。

（二）部门行政事业单位内部控制报告的报送

各部门应当在规定的时间内，向上级主管部门或规定单位报送本部门行政事业单位内部控制报告。例如，在《关于开展 2022 年度行政事业单位内部控制报告编报工作的通知》（财会〔2023〕6 号）中对各部门行政事业单位内部控制报告的报送明确规定：

（1）各中央单位应当于 2023 年 4 月 20 日后通过财政部统一报表平台（https://tybb.mof.gov.cn）上的 2022 年度行政事业单位内部控制报告填报系统开展编报工作。各中央部门应当于 2023 年 6 月 30 日前完成本部门所属单位内部控制报告的审核汇总（汇总单位数量大于 1000 家的部门可延至 2023 年 7 月 31 日），并在填报系统中上传汇总内部控制报告的可编辑版本及加盖签章的封面扫描件。内部控制报告应当由本部门主要负责人签章，并加盖公章。

（2）中央垂直管理部门应当按照垂直管理要求，审核并汇总本系统所属各级单位的内部控制报告。

（3）中央驻地方各预算单位在向上级主管部门报送内部控制报告的同时，还应当将本单位（含下级预算单位）内部控制报告抄送财政部当地监管局。

（4）财政部各地监管局。各地监管局应当通过财政部统一报表平台

（https://tybb.mof.gov.cn）全面掌握辖区范围内中央驻地方预算单位的内部控制报告编报情况，并结合预算监管工作以及日常监管发现的问题，通过查阅佐证附件、调研访谈、穿行测试等方式，选取部分中央驻地方预算单位内部控制报告编报情况进行核查，重点关注内部控制报告内容的真实性、完整性和规范性。各地监管局应当根据辖区范围内中央驻地方预算单位的内部控制报告编报情况和核查情况，形成辖区范围内中央驻地方预算单位内部控制报告编报情况分析评价报告，并于 2023 年 8 月 31 日前将分析评价报告报送财政部会计司，并抄送预算司、监督评价局。分析评价报告应当包括辖区范围内中央驻地方预算单位内部控制报告的报送情况、编报质量、核查情况、主要问题和有关意见建议等。分析评价报告将作为对有关中央垂直管理部门内部控制报告编报工作评价的参考依据。

解释：

（1）报送时间：2023 年 6 月 30 日前、2023 年 7 月 31 日前、2023 年 8 月 31 日前等规定时间内；

（2）报送对象：

①中央垂直管理部门的报送对象是自身；

②中央驻地方各预算单位的报送对象是上级主管部门和财政部当地监管局；

③财政部各地监管局的报送对象是财政部会计司、预算司、监督评价局；

（3）报送内容：汇总内部控制报告的可编辑版本及加盖签章的封面扫描件、分析评价报告等相应规定资料。

五、地区行政事业单位内部控制报告的编制与报送

（一）地区行政事业单位内部控制报告的编制

地方各级财政部门应当在下级财政部门上报的内部控制报告和本地区部门内部控制报告的基础上，汇总形成本地区行政事业单位内部控制报告。

地方各级财政部门汇总的本地区行政事业单位内部控制报告应当以本地区部门和下级财政部门上报的信息为准，不得虚报、瞒报和随意调整。

解释：

（1）地区行政事业单位内部控制报告编制的依据：下级财政部门上报

的内部控制报告和本地区部门内部控制报告；

（2）地区行政事业单位内部控制报告的编制要求：应当以本地区部门和下级财政部门上报的信息为准，不得虚报、瞒报和随意调整。

（二）地区行政事业单位内部控制报告的报送

地方各级财政部门应当在规定的时间内，向上级财政部门逐级报送本地区行政事业单位内部控制报告。

解释：

（1）报送时间：规定时间内；

（2）报送对象：上级财政部门；

（3）报送内容：本地区行政事业单位内部控制报告。

例如，在《关于开展 2022 年度行政事业单位内部控制报告编报工作的通知》（财会〔2023〕6 号）中对各地方行政事业单位内部控制报告的报送明确规定：

各地方单位应当按照各省级财政部门规定的时间和要求，在本地二级部署的统一报表平台上开展编报工作。各省、自治区、直辖市、计划单列市和新疆生产建设兵团财政厅（局）应当于 2023 年 7 月 31 日前完成对下级财政部门上报的地区行政事业单位内部控制报告及同级行政事业单位内部控制报告的审核和汇总工作，并在填报系统中上传汇总内部控制报告的可编辑版本及加盖签章的封面扫描件。汇总内部控制报告应当由财政厅（局）主要负责人签章，并加盖公章。

六、其他注意事项

（一）关于内部控制工作联系点制度

在所属单位中选取内部控制工作开展成效突出的先进单位作为本地区（部门）的内部控制工作联系点。

（二）关于内部控制报告监督检查机制

各地区、各部门应当加强对本地区（部门）所属单位内部控制报告工作的监督检查，每年抽取一定比例所属单位的内部控制报告，对报告内容的真实性、完整性和规范性进行检查。

财政部将适时开展对各地区、各部门内部控制报告的审核工作，并结合各地区、各部门年度内部控制报告编报情况，以及财政部各地监管局对中央驻地方预算单位的内部控制报告检查评价情况，对各中央部门、省级财政部门及各地监管局年度内部控制报告编报工作进行总结通报。通报结果将纳入财政部对各部门预算管理绩效考核、各地区财政管理绩效考核、各地监管局财政监管工作考核的指标体系。

第三节　行政事业单位内部控制报告编制常见问题及对策

一、编制内部控制报告过程中发现的问题

（一）报告评价缺乏量化指标，报告利用率大打折扣

在 2016 年年底决定开展内部控制基础性评价工作之前，很少有行政事业单位对自身内部控制有效性进行评价。而在进行了内部控制评价的行政事业单位中，评价内容大都停留在定性层面，也就是说对于诸如内部控制的实施效率和效果等定量指标评价很少列明。基础性评价成为首次提出量化指标的评价，但其本质依然是一次摸底评价，目的是了解行政事业单位内部控制建设现状的同时，希望通过这样的方式以评促建，推动单位自发挖掘其内部控制体系的薄弱环节。

在财政部 2023 年 4 月 19 日发布的《2022 年度行政事业单位内部控制报告》（附录 1）中，评价内容量化指标较少，更多地采用了选择性、描述性而非打分形式的评价。这虽然能够在一定程度上降低用人单位的工作难度与减少工作量，使上级单位清晰、快速地了解下级的内部控制建设情况，但是这样笼统的报告也会带来一定的局限性，例如，难以评价内部控制建设处于不同阶段的单位。但是，即便更多采用量化指标，也未必能够解决上述所说的问题。从目前我国内部控制评价量化指标体系的建设状况来看，首先是量化标准并没有得到有效统一，不同类型、不同管理模式的行政事业单位难以找到对症下药的参考模板。其次是相关职员综合素质的参差不齐，即便拥有可以借鉴的量化标准，在实际开展评价的过程中，由于职工对制度、流程等相关的认识存在偏差，也难以把握最终评价工作的质量。如此一来，没有通过定量的方式进行严密分析，又更多地通过定性方式查看我国各行政事业单位内部控制建设情况，当财政部门拿到这样的报告时，很难以此进行横向对比，报告的利用效果也大打折扣。

（二）报告中行政事业单位内部控制风险方面内容简洁

在财政部 2023 年 4 月 19 日发布的《2023 年度行政事业单位内部控制

报告》（附录1）中，表中列示的各项业务主要管控的风险点是所有行政事业单位在该方面都应注意的问题，这种统一的概括不能明确到某类单位在不同领域中内部控制建设的薄弱环节。同时，关于风险管控情况描述含糊不清、范围宽广。上述存在的问题不利于报告使用者清楚了解该行政事业单位内部控制工作的具体开展情况。

最后，表中列示的各项业务主要管控的风险点只是普通的罗列，没有按照风险大小或不同单位适用类型等情况的顺序进行排序，这样不方便报告使用者根据行政事业单位内部控制建设的实际情况对以后的内部控制工作开展的先后顺序进行排列。

（三）报告中对于一些行政事业单位内部控制建设工作的描述过于简单

在财政部2023年4月19日发布的《2022年度行政事业单位内部控制报告》（附录1）中关于职责分离情况、关键岗位轮岗情况等方面，报告所体现的要求更多是查看"有"和"无"的问题，对于内容质量的好坏没有进一步的要求，虽然要求附上佐证材料，但对于佐证材料的质量没有评估指标体系，这样一来上级人员对其进行查验时，不同的人可能有不同的评判结果。同时，对于勾选的报告选项，同样存在过于宽泛的设计漏洞。以收支业务为例，其"内控制度覆盖关键管控点情况"中有一项为"单位支出范围与标准"选项，对于填报单位来讲，有范围和标准但并不规范该时该如何填写，范围规范但标准有缺陷时又该如何填写等等。上述问题给部分行政事业单位编制内部控制报告带来一定的困难，同时这种情况也给下级报告单位带来了操作空间，层层汇总上来的信息质量难以得到保证，可能使报告使用者对汇总上来的信息形成误判。

（四）内部控制信息归集、披露的渠道不畅

行政事业单位内部控制报告目前采取单向报送的方式，由财政部统一部署，按统一的报告格式，自下而上逐级汇总报告。虽然财政部门已统一建设了预算管理一体化系统，但目前依然有相当多的板块没有信息化，主要信息收集还是下级单位的报送，内部控制质量信息的归集来源单一，对组织内部控制运行效能反映的时效性较差。内部控制信息仅作单向报送要求，可以看出主要是以检查形式进行内部督促，信息的需求主体多样性被忽视。单位除向上级部门报送内部控制信息报告之外，很少主动将内部控制信息进行公示或公示的范围不大，使得内部控制信息难以有效披露。

（五）单位内部控制环境相对薄弱，单位内部控制运行情况总体评价结果不容乐观

一是在内部控制建设负责问题上，多数单位存在认识模糊问题。相当部分单位将分管财务的领导作为内部控制建设的负责人，对此我国财政部在《行政事业单位内部控制规范》（财会〔2012〕21号）第六条中明确规定"单位负责人应对本单位内部控制建立健全和有效实施负责"。由此可以看出，行政事业单位内部控制建设本质上就是"一把手"工程，单位负责人应予以高度重视，带动全体职工全程参与到内部控制建设中去。二是对于内部控制建设的部门分工较为混乱。部分单位存在内部控制的牵头部门、评价部门、监督部门混为一体问题，造成单位内部控制"监守自盗"，难以真正发挥有效作用，内部控制设计存在缺陷。三是部分基层行政事业单位人员综合素质较低，对内部控制建设认知不足。例如，认为内部控制建设只是财务人员的工作或部分领导的职责。事实上不少行政事业单位还存在财务部门人员短缺、一人身兼数职的情况，在这种条件下依然要求财务部负责单位所有的内部控制建设、内部控制报告等工作，且不谈效率问题，即便此单位人员综合素质十分强硬，大量的工作只会让最终的效果大打折扣。然而对于基层单位来讲，即便是财务部门也难以保证工作人员的综合素质满足内部控制建设要求。大多数情况下是相当数量的非专业人员参与其中，他们对内部控制的认知水平有限且经验不足，造成多数会计人员对内部控制工作力不从心、难以胜任。四是部分行政事业单位负责人认为内部控制只是应付检查。这直接或间接导致单位工作人员报以消极、被动甚至抵触的态度进行工作。例如，有的会计人员在编报过程中存在不按上级要求报送、随意编造、未经审核上报、代替单位负责人签字等现象，单位内部控制报告的编报质量参差不齐。

（六）单位内部控制制度不健全

行政事业单位内部控制建设推行工作虽已进行多年，但仍有相当数量的单位没有健全的内部控制制度，这也间接造成单位实际运作与规章制度要求不匹配等现象。内部控制建设是一个长期而又漫长的过程，而现实是单位所面临的环境无时无刻发生变化，对于内部控制建设较差的单位，完善相关制度显得力不从心。例如，关于建设项目与合同管理上，相关制度普遍存在没有后续完善与落实的问题。对于编制业务流程图，更是少数单位才会拥有的流程文件，而且还不完整。

制度的缺失造成的另一个重大问题便是不相容岗位未能有效分离。比如在实际调查中发现，部分单位在没有任何制衡措施下将采购、付款、验收、保管等业务环节全程交给会计一人进行办理，一旦会计人员作出突破道德与法律底线的行为，将会给单位带来难以估计的后果。例如，篡改、伪造原始凭证，蚂蚁搬家式贪污、挪用公款等行为在上述单位里是难以及时发现的。同时，重大事项集体决策和会签制度执行不到位也是突出现象。尤其是在一些小型基层单位，由于单位人员较少，单位负责人的意志是落实各项行动的唯一准则。单位领导"一言堂"的现象十分普遍，权力难以关进制度的笼子。另外，内部控制风险评估机制缺失也是制度不完善的表现之一。行政事业单位无法对经济活动的风险进行分析和把控，后续制度完善更是无法提上日程。最后是信息化建设滞后问题。从目前各单位内部控制进展情况看，普遍处于建立和实施阶段，信息化程度水平较低，无法满足单位运作需要。

（七）内部控制报告编报基础不扎实，编报内容不完整

《行政事业单位内部控制报告管理制度（试行）》（财会〔2017〕1号）第五条第二款规定"单位主要负责人对本单位内部控制报告的真实性和完整性负责"。然而实际上，尤其是在基层行政事业单位普遍存在内部控制机构设置不健全、监督不完善、评价不客观、更改不落实等现象。造成这种现象的原因有很多，例如，一是没有开展基础性评价工作，单位负责人也不主动予以支持等。这就导致内部控制基础薄弱，由于职能部门之间缺乏有效信息沟通，内部控制评价部门在实际操作过程中阻力重重，加之信息不对称，有些单位为了完成任务应付了事，或其上传的支撑材料与实际材料并不一致，甚至弄虚作假使评价内容完全脱离实际。二是监督评价机构丧失机能。有些单位虽然设置了内审部门，但不定员定岗，也没有针对新人的入职培训，造成从事相关岗位的工作人员专业性不强，报告内容"缺斤少两"。除此以外，内审部门缺乏独立性也是突出问题，是否开展内部控制评价、怎样开展内部控制评价需要由上级领导定夺，这就导致无法正常开展评价与监督工作。而且还发现有些单位在编报过程中虽填列相关的内部管理制度，但却无法提供事实的佐证材料，或在编报过程中避重就轻，造成内部控制报告编报内容无法客观完整，内部控制报告的可信度较低。

二、完善行政事业单位内部控制报告的对策

（一）完善量化指标评价体系

虽然《行政事业单位内部控制报告管理制度（试行）》（财会〔2017〕1号）对单位内部控制报告已经作出了较为严格的规范，但是如果各单位财会部门能够进一步将量化指标和定性描述结合起来，不仅可以使行政事业单位的内部控制报告更加直观，而且也会更加可靠。所以行政事业单位应该结合《行政事业单位内部控制基础性评价指标评分表》（附录2）中列明的评价指标和评价要点对本单位的内部控制工作进行打分，并且将得分情况在编制内部控制报告时进行说明，这样有利于单位制订下一步的工作计划。

如果行政事业单位在其内部控制报告中添加此内容，那么当报告使用者拿到这份内部控制报告时就能很清楚地知道该单位在内部控制建设方面的进度以及不足，并且能针对单位内部控制比较薄弱的地方制定相应的解决方案。比如，在资产管理控制情况方面得分为3分，分析原因是本单位未能做到对本单位的固定资产进行定期核查盘点，做到账实相符，所以应当督促单位完善资产管理制度，确保做到定期（至少每年一次）对固定资产进行核查盘点，以实现账实相符。

因此，行政事业单位在编制内部控制报告时应该附上根据单位的实际情况编制一份内部控制基础性评价报告，这样有利于报告使用者更加直观地了解单位的内部控制建设情况。

（二）将报告中内部控制风险方面的内容进行扩充

首先，在行政事业单位内部控制报告中应该结合本单位内部控制建设的实际情况对所有风险点进行列示，这样有利于根据单位的实际情况对内部控制风险的防范工作制订计划。

其次，应该结合风险发生的可能性大小和风险影响程度对单位内部控制工作的风险点进行排序，这样有利于内部控制报告的使用者依据这个排序来安排单位内部控制工作进行的先后顺序。

再次，在内部控制报告中应该逐一分析造成内部控制风险的原因并且列出相应的应对措施，这样做可以让单位清楚地知道自己在内部控制建设方面的不足之处，对单位完善内部控制建设有一定的帮助。

例如，在内部控制报告中，在其预算业务管理制度方面的风险点列示

时，将这几种风险按照发生的可能性大小和发生后对本单位内部控制建设影响程度进行排序，这样当单位负责人看到这份内部控制报告时能够一目了然单位下一步努力的方向。

最后，还应分析造成各种风险的原因。以单位预算编制不科学、不合理，业务活动与其财力支持相脱节的风险为例，造成这种情况的原因可能是多样的。第一种可能是单位没有充分认识到预算的重要性，没有给预算员充分的时间去核查预算的可行性，使得项目预算的各项指标得不到充分的认证，预算编制在源头就没有可靠性，根本起不到应有的监督作用；第二种可能是单位内部财经法纪意识淡薄，会计人员水平参差不齐，引起会计信息质量低下、会计信息失真的问题。预算员在编制预算时本身就无法使用真实有效数据，自然预算编制就会出现不完整、不合理的情况。上述情况可能是多种因素导致的结果，如果在内部控制报告中没有结合单位实际情况列示原因，那么当报告使用者拿到报告时便不能第一时间就相关情况给予合理有效的建议。

因此，当行政事业单位编制内部控制报告时应该结合实际情况，列示造成内部控制风险的原因，这样有利于报告使用者就本单位的实际情况提出一些切实有效的建议，方便单位制定下一步的工作计划。

（三）细化单位内部控制建设工作，重点业务重点描述

因为内部控制是一项相对繁琐、复杂的工作，一个业务可能涉及多个方面，所以在编制行政事业单位的内部控制报告时，应该将一些重要的、复杂的业务重点进行细化描述。这样不仅能让报告使用者清楚地结合本单位的内部控制建设的实际情况给予相应的建议，也为编制内部控制报告降低了难度。

例如，在是否对单位经济业务流程进行梳理和是否编制经济业务流程图方面，应该将预算业务管理细分为预算的编制与审核、批复、追加调整、执行、决策与考评五个方面。此外也应该对收支业务管理、政府采购业务管理、资产管理、建设项目管理和合同管理进行细致地划分，这样不仅可以清楚地了解单位内部控制建设的实际情况和不足之处，方便单位依据编制的内部控制报告制订下一步的工作计划，也降低了编制内部控制报告的难度，避免出现因为单位某一业务方面的内部控制建设不完善而不知如何进行评价这种情况。

（四）突破固有形式，减小内部控制信息传输阻力

首先，要扩大内部控制报告公开的时间范围和空间范围。在公布渠道

上如通过网络公开、电话咨询、信访通道等多种形式扩大获取内部控制报告的方式，降低内部控制报告获取的成本，扩大内部控制报告获取的受众群体范围，提高内外部监督的力量。在制度规定上，加强整改，不断完善撰写、公布等流程的漏洞，减少人为因素阻力。在内部控制信息定期披露的常态化、制度化下，不同历史因素形成的内部控制报告要保证其完整获取的可能性，加强事后筛查，杜绝出现事后篡改、资料不完整不连续、事后不可获取等现象。对于出现上述现象的需严格审查、落实责任并将原因及时进行社会公开。

同时，需要注意信息公开的可理解性问题。对于内部控制报告中对于社会公众理解困难的要给予一定解释，或加强智能化建设，如利用机器人对网络访问的公众给予问题解答。清晰公布内部控制建设进程、执行程序、披露程序、选择依据，防止人为利用漏洞造成信息披露机制失效。

最后，要加强内部控制信息公开载体和形式的审查，并公布选择原因。目前我国内部控制评价报告披露的载体较多，选择形式也较广。例如，文字、图片、音频、视频等都可以在不同渠道进行公布，行政事业单位要选取内部控制报告获取者最有利、成本最低、获取方式最多的进行公布，如果因公布渠道或形式不同而造成信息传达内容出现实质性改变的，要说明原因并公布其他形式信息的获取方式。

（五）加强组织领导，营造良好的内部控制环境

首先，基层单位干部要加强内部控制学习与落实的主动性，坚持以身作则、身先士卒，在单位上下营造出内部控制的良好环境氛围。例如，一把手定期召开内部控制工作会议，组织开展各级负责人内部控制培训会，提高其专业水平和认知程度，通过各级负责人的积极性带动单位全体人员对内部控制工作的理解和认识。同时建议因势利导，如通过微课堂学习成绩、内部控制知识竞答比赛参与度等一系列考核制度、奖惩办法将内部控制环境建设与单位各级人员的利益进行绑定，推动单位成员养成从不想学到主动学，再到带动其他人一起学的行为习惯。在内部控制环境建设过程中也要注意外部资源的获取与利用，例如，聘请有关专家进行授课、评选优秀典型案例、推广自身经验做法、组织到优秀单位参观学习等。

（六）借助外力完善制度，推动内部控制建设落地

行政事业单位可以适当引入第三方机构来协助或指导内部控制制度建设。首先，制度顶层设计者应当按照行政事业单位的所属行业以及各项相

关法律法规进行归纳整理，设计出具有实操性、可复制性、可推广性的多类型内部控制模板，之后通过建立信息平台推动信息资源共享。随后，各单位按照要求选择符合自身需要的模板，并结合本单位实际环境制定出适合自身使用的、完整的内部控制体系。当然在此过程中也要注重信息化建设，把各项制度、流程、风险控制点等内容融入信息系统中去，实现通过各种终端设备便开展日常工作。信息技术的应用能够减少人为操控风险，把权力关进在系统的"笼子"中去，促进内部控制建设落地。

（七）建立监督考核机制，完善内部控制监督评价制度

首先是实行监督考核机制，将单位所有人员的利益与内部控制建设绑定在一起。例如，把单位内部控制报告总体评价结果纳入"一把手"政绩考核和单位人员绩效考核的范围，对报告结果优秀的单位予以支持和鼓励，对报告结果为差的单位，及时督促整改，整改不到位或不落实的，进行约谈和处罚。例如，扣发单位全体人员精神文明奖励工资、核减单位三公经费预算指标等措施实现考核机制有序推进。其次是坚持问题导向，以评促建。良好的内部控制建设应是能够自主发现并解决内部控制设计和运行中的问题，相关部门在检查和督导单位内部控制建设时，应着重关注单位自我建设能力的提高，奖惩并非评价的目的，推动单位自发性的查漏补缺、纠偏整改才是提高内部控制报告编报水平正确路径。

第七章 行政事业单位内部控制建设案例

本书将河北省 XZ 学院作为行政事业单位内部控制建设研究案例，首先顺应我国对行政事业单位内部控制建设工作推进的法规要求，其次可以完善 XZ 学院自身内部控制建设的缺陷。本章按照《行政事业单位内部控制规范（试行）》（财会〔2012〕21 号）对行政事业单位内部控制建设的要求，结合 XZ 学院内部控制建设的现状，分析了 XZ 学院内部控制建设工作的全过程。希望本章对 XZ 学院内部控制建设思路、内部控制建设体系、内部控制建设成果的分析，可以对我国类似高校乃至行政事业单位内部控制建设工作提供一些启示，丰富相关理论和建设经验。

第一节 河北省 XZ 学院概况

一、河北省 XZ 学院简介

河北省 XZ 学院是拥有行政职能的特殊类高校，是省政府直属的正厅级事业单位。该学院坚持教学、科研、咨询三位一体的方针，主要承担公务员、国有企业管理人员的培训，开展公共管理、科学行政等方面的理论研究，为省委省政府提供决策咨询等任务，此外还负责开展与境内外有关机构的合作与交流以及承办省政府交办的其他事项。

XZ 学院与普通高校的相同之处在于提供高等教育服务，学院开设了计算机多媒体技术、商务英语等 17 个专业，并连续多年荣获国家"A"级高校的称号。但其教育对象和办学目标又与普通高校有很大的不同，普通高校的大部分学生都是高中毕业生，他们的目标是要培养出各个行业的专业型人才；而 XZ 学院的教育对象是公务员，以培养优秀的公共管理与政策研究人员为办学目标，XZ 学院根据省委省政府的中心工作确定培训主题与内容，科学合理设置培训班次和学制，在提高河北省公务员队伍整体素质上发挥了主阵地、主渠道的作用。

二、河北省 XZ 学院组织架构

XZ 学院人员稳定、运营高效，共有 14 个部门，其组织架构权责明晰、相互制约。具体如下所述：

XZ 学院的院长与常务副院长是单位总负责人，二者对学院事务全权负责，此外下设 5 个分管院领导，分管院领导 1 负责机关党委、人事处、老干部处的各项事宜；分管院领导 2 负责保卫处、信息化管理处、学院工作部的各项事宜；分管院领导 3 负责院（党）办公室、教务处、培训处、教研部的各项事宜；分管院领导 4 负责财务处、科研处的各项事宜；分管院领导 5 负责后勤处和基建处的各项事宜。具体情况如图 7-1 所示。

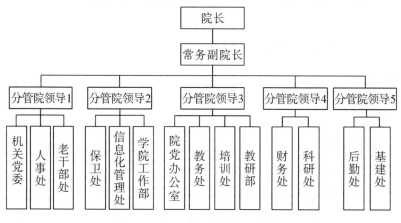

图 7-1　河北省 XZ 学院组织架构

三、河北省 XZ 学院内部控制建设的必要性

内部控制建设是行政事业单位提高资金使用效率、规范单位业务活动、防止出现贪污腐败的重要手段，是提高行政治理水平的重要基础。目前我国行政事业单位的内部控制建设存在诸多现实问题，XZ 学院行政职能突出，加强内部控制建设非常必要，其必要性具体如下所述：

第一，XZ 学院内部控制建设是遵循国家全面推行事业单位内控建设的必要手段。XZ 学院的经费来源以国家财政补贴为主，其次是收取的学生学费，经费供给方是在公共权力的作用下提供的，而且由于客观条件限制，资金提供方不能直接安排经费，也不能实时监控经费的使用。所以，必须采用内部控制这一有效的方法对 XZ 学院的经营管理进行监督。

第二，XZ 学院内部控制建设是规范业务活动、提高管理水平的迫切要求。在进行内部控制建设之前，XZ 学院存在业务流程零散繁杂、管理制度不完整不健全、单位工作人员专业素质不高等各种问题，增加了学院单位与业务层面的经济风险，因此 XZ 学院的内控建设势在必行。

第三，XZ 学院内部控制建设是预防贪污腐败、廉政风险防控的重要保障。XZ 学院作为培养公务员的特殊类型高校，是提供公共服务的单位，更是党和国家尊严与形象的代表，廉政建设的重要性不言而喻。加强内部控制建设可以防止各类违法违纪行为的发生，促使舞弊可能性的降低。

第二节　河北省 XZ 学院内部控制建设思路

一、河北省 XZ 学院内部控制目标

根据《行政事业单位内部控制规范（试行）》（财会〔2012〕21 号）规定：

"第四条 单位内部控制目标主要包括：合理保证单位经济活动合法合规、资产安全和使用有效、财务信息真实完整、有效防范舞弊和预防腐败、提高公共服务的效率和效果。"

XZ 学院在内部控制建设初期的目标是按照《行政事业单位内部控制规范（试行）》（财会〔2012〕21 号）要求并结合单位实际情况，规范经济业务活动流程，完善经济业务活动相关制度，保证经济活动有法可依并合法合规，在此基础上，不断完善与加强内控建设以实现更高层次的目标。

二、河北省 XZ 学院内部控制原则

根据《行政事业单位内部控制规范（试行）》（财会〔2012〕21 号）规定：
第五条 单位建立与实施内部控制，应当遵循下列原则：
（一）全面性原则。内部控制应当贯穿单位经济活动的决策、执行和

监督全过程，实现对经济活动的全面控制。XZ 学院的全体工作人员都应当树立内控思维与意识，并参与到内部控制建设与实施过程中去，推动内控建设工作的顺利进行；其次，内部控制建设应当涵盖单位的全部业务与事项；最后，内部控制建设要贯穿于业务决策，实施和监督全过程，任何一个过程缺乏内部控制都可能给单位带来风险。

（二）重要性原则。在全面控制的基础上，内部控制应当关注单位重要经济活动和经济活动的重大风险。XZ 学院的内部控制不仅要实现全面控制，更要重点关注重要业务事项与高风险事项。例如，学院建设项目涉及资金量大，从项目立项，投标到建设，验收等各环节均不可放松，应重点监督控制，以免出现重大贪污和舞弊现象。

（三）制衡性原则。内部控制应当在单位内部的部门管理、职责分工、业务流程等方面形成相互制约和相互监督。XZ 学院内控建设应强化岗位之间、部门之间的制衡关系，保证不相容岗位的分离。比如 XZ 学院的小额政府采购事项流程应为业务部门请购→后勤处签批→财务处拨款→采购员办理采购事项→业务部门、财务处、后勤处、机关党委多方联合验收。在保证单位业务运营效率的同时，也确保各部门职责明晰并且相互监督。

（四）适应性原则。内部控制应当符合国家有关规定和单位的实际情况，并随着外部环境的变化、单位经济活动的调整和管理要求的提高，不断修订和完善。XZ 学院内控建设完成后，在运行过程中要不断结合内外部环境变化，形成"建设→实施→自我评价→修订完善→再实施→再评价→再修订完善……"的内部控制体系。

三、河北省 XZ 学院内部控制建设的依据

XZ 学院内部控制建设的主要依据为《行政事业单位内部控制规范（试行）》（财会〔2012〕21 号），该规范从风险评估与控制、单位层面内部控制、业务层面内部控制以及内部控制评价与监督四个方面对内部控制建设与优化作出了指导。

此外，业务层面内部控制又结合具体的准则与办法对公司制度及业务流程进行了规范，其中，结合《中华人民共和国预算法》（2014 年主席令第 12 号）对预算业务予以规范；结合《河北省省级财政资金收付管理制度改革试行办法》（冀政〔2003〕49 号）《中央预算单位公务卡管理暂行办法》（财库〔2007〕63 号）对收支业务予以规范；结合《中华人民共和

国政府采购法》（2002 年主席令 9 届第 68 号）《河北省政府采购管理办法》（冀政办〔2012〕7 号）对政府采购业务予以规范；结合《事业单位国有资产管理办法》（2006 年财政部令第 36 号）《河北省行政事业单位国有资产管理办法》（冀财资〔2016〕76 号）对单位资产管理予以规范；结合《中华人民共和国招标投标标法》（1999 年主席令 9 届第 21 号）对建设项目管理予以规范；结合《中华人民共和国合同法》（1999 年主席令 9 届第 15 号）对合同管理予以规范。

最后，还结合《中华人民共和国会计法》（1999 年主席令第 24 号）《事业单位会计准则》（2012 年财政部令第 72 号）《事业单位会计制度》（财会〔2012〕22 号）对内部控制制度中有关会计处理的内容予以规范。

四、河北省 XZ 学院内部控制具体建设思路

内部控制建设是一项长期的工程，真正融入单位运行过程中任重道远，需要每一位工作人员付出努力。XZ 学院内部控制建设具体思路及步骤如下所述：

第一，明确内部控制建设管理归口部门。在接收到内控建设任务之后，将财务处确定为内部控制归口部门，学院其他所有部门同步配合开展内控建设工作。

第二，召开内部控制建设专题会议。由学院负责人牵头组织召开内部控制建设专题会议，结合本单位实际情况对后续内控建设工作作出部署，并且在会议上成立内部控制领导小组，负责组织协调内部控制建设的各项工作。

第三，开展内部控制建设专题培训。该培训活动要求学院负责人、各分管院领导和各部门的关键岗位人员必须参加，针对内部控制的相关国家政策、法律法规及 XZ 学院内部控制目标、原则和职责等进行培训，并对培训结果进行检验。

第四，开展内部控制基础性评价工作。XZ 学院各部门根据要求向内部控制自我评价小组提交相关资料，内部控制自我评价小组对资料进行量化评分，完成 XZ 学院内控现状的评价工作。

第五，开展内部控制风险评估工作。风险评估小组对 XZ 学院各部门关键岗位人员进行访谈与调研，了解各部门的制度与流程，重点关注基础性评价中得分较低的部分，对单位层面与业务层面的风险进行识别与分析，并制定风险应对策略。

第六，开展对制度、流程的再造工作。根据内控摸底评价发现的问题及存在的风险，以《行政事业单位内部控制规范（试行）》（财会〔2012〕21号）和我国现行的规章制度为依据，对学院原有制度进行修改、剔除与补充；并对学院各项经济业务流程进行梳理，明确职责权限与审批权限，并画出相应的流程图。

第七，编制完成内部控制手册。根据前期工作获取的信息与资料，完成内控手册的编制，下发至各个部门进行查阅，各部门应提出反馈意见给内部控制领导小组，将不具备实际操作性的流程与制度提供事实或法律依据，内部控制领导小组与各部门再就存在分歧的问题集体商讨解决方案，并对流程与制度进行修改，直至内控手册定稿，内部控制全面顺利运行。

为了更清晰方便地了解 XZ 学院内部控制建设的过程，将上述内控建设思路整理画出 XZ 学院内部控制建设步骤图，如图 7-2 所示，其他高校或行政事业单位在进行内部控制建设时也可参考该步骤图。

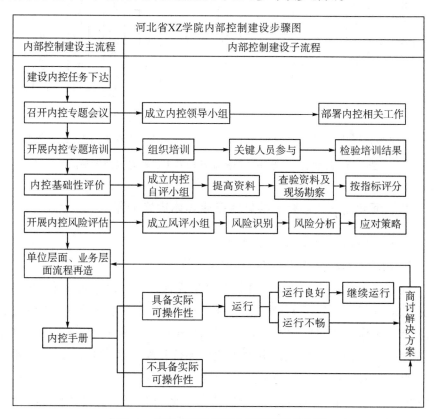

图 7-2　河北省 XZ 学院内部控制建设步骤

第三节　河北省 XZ 学院内部控制建设体系

一、河北省 XZ 学院内控体系搭建整体思路

XZ 学院内部控制体系搭建的整体思路为明确内部控制目标→进行内部控制基础性评价→进行内部控制风险评估→进行流程与制度的修改完善→建立评价与监督机制，最终建成一个制度流程落实到位、风险防范有效、长效机制建设到位、信息系统环境完善的内部控制体系，XZ 学院内部控制建设基本流程及内部控制体系如图 7-3 所示。

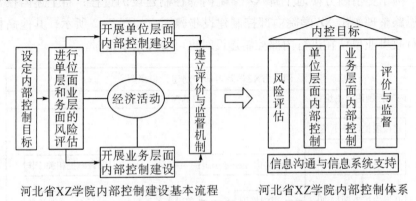

河北省XZ学院内部控制建设基本流程　　河北省XZ学院内部控制体系

图 7-3　河北省 XZ 学院内部控制建设基本流程与内部控制体系

二、河北省 XZ 学院内控体系搭建具体实施步骤

（一）进行内部控制基础性评价

1. 河北省 XZ 学院内部控制基础性评价方法

根据《〈行政事业单位内部控制基础性评价指标评分表〉填表说明》[引自 2016 年 6 月 24 日财政部发布的《关于开展行政事业单位内部控制基础性评价工作的通知》（财会〔2016〕11 号）] 中的要求，XZ 学院内部控制基础性评价采用量化评分的方式，评价指标分为单位层面与业务层面，单位层面包括 6 类 21 项指标，分数占比为 60%；业务层面包括 6 类 15 项指标，分数占比 40%。XZ 学院内部控制自我评价小组根据评价指标指定学院归口管理部门提交对应资料，需要现场查验核实的资料，内部控

制自我评价小组需要与部门负责人进行沟通，进行现场查验。对全部资料进行查验之后，内部控制自我评价小组进行评价，根据评价结果填写《行政事业单位内部控制基础性评价指标评分表》（附录 2），并按照《行政事业单位内部控制基础性评价报告（参考格式）》（附录 3）要求编写评价报告，分析 XZ 学院内部控制现状的问题所在，为后续内控建设工作提供思路、指明方向。

2. 河北省 XZ 学院内部控制基础性评价结果

按照上述的内部控制基础性评价方法对 XZ 学院的内部控制建设进行基础性评价，此次评价结果如表 7-1 所示。（评分结果详情见附录 4 中建设前得分情况）

表 7-1　河北省 XZ 学院内部控制建设前基础性评价结果分析

项目	项目总分	建设前评价得分	得分率/%
单位层面	60	17	28.33
业务层面	40	15	37.50
合计	100	32	32.00

XZ 学院内控建设前内控基础性评价得分为 32 分，其中，单位层面得分为 17 分，得分率为 28.33%；业务层面得分为 15 分，得分率为 37.5%。具体分析来看，单位层面在内控建设启动情况、内控制度完备情况和内控管理信息系统功能覆盖情况这三项指标失分最多；业务层面在六大经济业务的细节控制上均存在较大缺陷，尤其建设项目管理控制和合同管理控制两项指标失分最多。

该基础性评价结果表明，XZ 学院目前现有制度实际可利用性低，现有流程实际可操作性差，业务层面制度存在不严谨甚至空白的情况，学院的经济业务管理随意性大，风险水平很高，急需开展内部控制建设。

（二）进行内部控制风险评估

1. 河北省 XZ 学院内部控制风险评估方法

在完成内部控制基础性评价工作后，XZ 学院风险评估小组结合评价结果与单位实际运行情况，对 XZ 学院各部门负责人进行访谈，再进行小组讨论，对学院单位层面与业务层面存在的风险进行识别与分析，利用风险清单法将潜在风险全部列出并分好风险等级，再制定相应应对策略。

2. 河北省 XZ 学院内部控制单位层面主要风险与应对策略

河北省 XZ 学院内部控制单位层面的风险主要来自内控制度建立与执行、集体议事决策管理、关键岗位管理三个层面。下面将从这三方面分别进行主要风险分析并提出应对策略：

（1）内控制度建立与执行的主要风险与应对策略

①主要风险

XZ 学院内控制度不健全，缺少关键岗位管理制度，缺少内部监督部门，各类经济业务活动相关制度存在诸多缺陷，原有的绩效考核制度形同虚设，没有发挥应有的作用，内部控制制度亟待修改、补充与完善。内控制度的不健全会影响内控系统的运行，进而给单位带来风险。

②应对策略

通过内部控制建设，将具有可操作性与实际应用性的原有制度与流程结合单位实际情况进行规范与保留，对过时的、没有操作性的制度与流程进行剔除，另外将管理空白的业务模块进行制度与流程的新设，确保制度与流程能够涵盖到单位全部的经济业务，内控制度建立完整以后，可成立内部监督小组，对内部控制后续的执行情况进行监督与评价。

（2）集体议事决策管理的主要风险与应对策略

①主要风险

XZ 学院建立了自身的议事决策机制，但是决策审批权限设置不当，没有涉及"三重一大"集体决策与分级授权审批的规则，可能会导致出现未经授权进行决策或越权审批的情况，另外决策过程缺乏专家论证或技术咨询的环节，可能导致决策不科学不恰当，从而给单位带来经营决策风险。

②应对策略

XZ 学院应明确集体议事决策机构的成员组成及其职责权限，并对集体议事决策事项范围进行划分，明确"三重一大"事项范围，对涉及大额资金使用等重要事项实行分级授权审批，不得越权审批；另外结合单位实际情况，对于一些缺少专业知识指导、决策困难的重要事项，学院可聘请相关专家进行咨询，保证决策的科学性，降低单位经营决策风险。

（3）关键岗位管理的主要风险与应对策略

①主要风险

XZ 学院没有建立明确严格的岗位责任制，甚至很多部门连简单的岗位职责说明都没有，这导致学院关键岗位不明确，关键岗位职责不明晰，影响经济活动的开展，若发生问题或损失，相关人员或部门之间会出现推诿，影响单位的运行效率。

②应对策略

XZ学院可根据自身经济业务的特点，确定学院工作过程中的关键岗位，并针对关键岗位制定相应的管理制度，明确各个岗位的工作内容与职责权限，保证不相容岗位相互分离，进而保证事项责任落实到人。若经济业务发生问题，可追溯调查从而快速解决，提升单位工作效率。

3. 河北省XZ学院内部控制业务层面主要风险与应对策略

河北省XZ学院内部控制业务层面的风险包括预算业务、收支业务、政府采购业务、资产管理、建设项目、合同管理六个层面。下面将从这六个层面分别进行主要风险分析并提出应对策略。

（1）预算业务的主要风险与应对策略

①主要风险

XZ学院在预算编制与审批阶段面临着时间紧张、财务部门与学院其他部门沟通不畅、预算审核不够严格等问题，这些问题容易导致预算项目不全面、数据不准确，从而引发学院预算编制与执行活动脱节、预算真实性与合理性不强等风险。

在预算批复阶段，XZ学院的内部预算指标分解批复存在不合理之处，预算追加与调整控制不严格，批复流程过于简单，同时也未落实单位预算跨年度平衡政策，这些都会造成XZ学院有些项目资金紧张无法带来预期效果，而有些项目资金过分充裕造成不必要的浪费，对于一些历时较长的项目，可能会有无法获得资金保障的风险，降低了资金的使用效率，不利于内部控制目标的实现。

在预算执行阶段，XZ学院的预算控制形同虚设，各部门没有严格执行预算甚至没有执行预算，另外执行预算时，审批流程不严格，缺少必要的监督部门，对不执行预算的部门没有明确严格的处罚手段。

在决算与考评阶段，XZ学院的预算与决算存在着口径不一致的问题，这就导致预算的执行效果难以有效体现，进而导致预算管理效率低下，且预算绩效考评流于形式，"友情分"大于客观公正分，考评结果不能反映预算执行的真实情况，对预算控制的全过程没有任何约束作用。

②应对策略

XZ学院财务处应根据单位实际情况与历年预算编制情况提前组织预

算编制工作，预留出充分的时间；财务处应加强和学院其他部门的沟通，负责组织和管理预算的编制，准备基本资料，并对相关人员进行培训，对预算进行统一安排。

在审批阶段要明确各审批人的责任，从而保证预算全面准确，真实合理。

XZ 学院财务处在收到年度预算批复后，应当在本年度总预算的控制下，对公司的自有资金与剩余资金进行统筹安排，并及时化解本年度内部预算指标；制定预算追加调整的相关制度和审批程序，明确追加调整的幅度，无合理理由的追加调整应予拒绝。对于预算追加的审批环节，应严格落实部门"领导→分管部门院领导→财务处→分管财务院领导→常务副院长"逐级审批，不得出现越权审批行为。

XZ 学院常务副院长、各分管院领导与各部门负责人，应当每月召开一次单位预算执行进度会议，各个部门汇报各自执行情况，对于未严格执行预算的部门设立惩罚机制，以罚促改；另外，执行审批必须符合指标批复时的相关规定，对不符合规定的不能通过审批，相关负责人必须按规定的审批权限进行审批。

XZ 学院应加强决算管理，确保决算准确及时、真实完整，加强决算分析工作，强化决算结果运用，建立健全单位预算与决算相互反映、相互促进的机制。严格预算绩效考评规则，尽量设立客观性评分指标，将主观性强的评分指标降到最低，避免"人情分"，确保预算绩效考评的科学准确。

（2）收支业务的主要风险与应对策略

①主要风险

XZ 学院项目经费没有设置收支明细，例如，科研经费，只反映出科研经费的总额，没有具体的二级明细科目，这样无法准确判断项目进展，也无法判断项目资金的具体去向，存在专款不专用的风险，不利于项目资金的管理。

XZ 学院所有的资金支出最终都要由常务副院长审批，这对小额资金的使用来讲，虽确保了严格审批，但是在一定程度上降低了工作效率，没有体现分级授权思想。

XZ 学院没有实现不相容岗位相分离机制，由于财务处人员紧张，所以存在一人兼两岗甚至多岗的情况，比如会计核算岗位和会计稽核岗位是由一人兼任，这样很容易发生伪造变造原始凭证、虚开发票等舞弊行为，给单位的资金带来风险。

②应对策略

XZ学院应当在项目经费下设置二级甚至三级明细科目，明确各项资金的使用用途，从而合理判断项目进展，有效管理资金，保证资金专款专用。

XZ学院应当针对预算范围内资金支出设置不同金额的不同审批流程，可根据单位业务实际情况设定一个标准，标准内的超小额资金支出由财务处长审批，标准内的小额资金由财务处长及分管财务院领导审批，超过标准的大额资金支出由财务处长、分管财务领导及常务副院长审批，体现出分级授权的思想，提升工作效率。

XZ学院应当建立不相容岗位相分离机制，明确各岗位的职责权限，不相容岗位和职务之间要形成相互监督与制约的关系，形成有效的制衡机制，避免舞弊行为的发生。

（3）政府采购业务的主要风险与应对策略

①主要风险

XZ学院的物资使用部门都有自行进行物资采购的权限，这样虽然可以让各部门按照自己的需求购买物资，但采购专业知识的缺乏，采购前收集的信息可能不全面，会导致所购买物资质量不合格、供货商资质不符等情况的出现，为后续资产使用埋下隐患。

XZ学院对所购物资进行验收时，验收流程随意，只有物资使用部门一方参与验收，验收结果也未进行存档，这样很容易发生学院内部人员与供货商进行勾结牟取私利的现象，最终导致国有资产流失。

XZ学院没有对验收后物资的购买时间、数量等信息进行记录，还将所购物资在单位库房或者物资使用部门随意存放，对各类物资的领用和结余数量也没有清晰的记录，在这样的管理状况下，十分不利于资产的管理维护和后续采购计划的实施，可能会导致所需物资供应不足或者物资结余过多造成浪费。

②应对策略

XZ学院应当对涉及采购的部门人员进行培训，规定采购程序，在采购前收集充分的信息，了解供应商信誉、供货能力，并进行多方对比分析，再作出选择，对于采购的物资，一定要严格把好质量关，避免出现质量不合格的情况。

XZ学院在采购环节完成后，验收环节不能仅由使用部门一方进行验收，应当实行多方联合验收的方式，对所购物资进行全面的检查与测试，确保质量无问题，且无采购部门牟私利的情况发生。

XZ学院应当将验收后的商品进行分类造册登记，随时了解各项物资领用与结余情况，方便实施后续采购计划，并定期根据登记信息和领用信息盘点，确保资产数量账实相符，另外在物资领用时应贯彻"谁领用谁签字"的原则，将资产的管理责任落实到个人。

（4）资产管理的主要风险与应对策略

①主要风险

XZ学院缺少物资领用登记制度，对单位各项物资的库存、领用状况没有进行详细的记录，可能会导致国有资产无故丢失，给单位带来风险。另外，学院没有建立固定资产卡片，对单位固定资产也没有按期计提折旧，许多临近报废的资产账面价值依然很高，导致资产账实严重不符。

XZ学院在资产处置环节没有建立规范的资产处置流程和制度，业务部门处置资产不及时，没有提供完整的资料与规范的手续，财务处对业务部门提供的资料也没有进行严格的审查，资产处置过程与结果没有形成书面记录，这些问题的存在都可能给学院带来资产流失的风险。

XZ学院存在部分公车私用的现象，单位有些人员在使用公务车时不履行登记手续，有些人员使用完毕后不遵守单位规定，将车随意停放，甚至利用公务车的维修与保养来虚开发票从而牟求私利，进而滋生了贪污腐败。

②应对策略

XZ学院应当对单位的实物资产进行定期盘点，并建立物资领用制度，该制度规定要对各项物资的领用及库存状况作详细记录，保证各项资产的安全与完整。对于单位的固定资产，应当定期按照一定的折旧方法进行折旧，确保资产账实相符。

XZ学院应建立规范严格的资产处置流程，业务部门应该按照相关手续规定办理资产处置业务，提供完整齐全的资料，财务处应该对业务部门提供的资料进行严格的审核。

XZ学院院领导要严格审核申请部门的用车申请，申请部门应该按照相关手续规定全部办理，履行公务车使用的申请及审批流程。财务处应该对业务部门提供的维修资料进行严格的审核，院领导可定期去维修单位进行核对，避免业务部门从中牟取私利。

（5）建设项目的主要风险与应对策略

①主要风险

XZ学院的建设项目归口管理部门在项目建设的过程中，没有对项目的质量、资金的使用及项目的进度进行控制与监督，可能会引发建设项目质量不过关、项目资金出现不可控问题、耽误项目工期等风险，这不仅会影响XZ学院职能的正常履行，甚至会对其公信力与声誉造成影响。

XZ学院的建设项目存在竣工后未办理竣工手续以及已经投入使用的建设项目还没有转入固定资产的问题；XZ学院的建设项目在竣工验收时没有实行三方验收程序，也没有实行项目竣工决算审计；XZ学院还存在报销发票审核不严格的情况，这可能导致虚列建设成本，从而导致建设项目竣工决算失真。

②应对策略

XZ学院建设项目归口管理部门应当对单位的建设项目进行监督，保证建设项目质量合格，关注资金使用进度，确保资金合理使用，另外还要关注项目的进度，确保建设项目能够如期完工，维护自身的公信力。

XZ学院应该严格实行竣工验收制度，项目建成后，必须按国家有关规定进行严格的竣工验收，由验收各方人员签字负责，验收合格后方可使用。项目竣工后学院应及时组织进行竣工决算的审查，重点审查竣工决算依据是否完整，竣工决算相关资料是否齐全，竣工清理是否完成，竣工决算编制是否正确，未实施竣工决算审计的工程项目不得办理竣工验收手续与资产交接手续。

（6）合同管理的主要风险与应对策略

①主要风险

XZ学院在进行经济合同的谈判时，没有聘请专业的法律人员和技术人员进行探讨，可能会由于学院内工作人员的专业知识不足忽略掉一些细节，使单位在合同谈判中处于弱势地位，从而给自身带来经济、法律等方面的风险。

XZ学院未建立合同纠纷处理机制，发生纠纷但又不能合理解决时会损害学院的公共形象和经济利益。

XZ学院没有明确合同保管的归口部门，没有建立合同档案保管制度，对合同的借阅和归还等流程也没有作出明确规定，可能会出现多部门共同管理的边际盲区，导致管理混乱，还可能引发重大经济合同被盗、学院机密泄露等风险。

②应对策略

XZ学院在进行合同谈判时，要充分熟悉谈判对手情况，研究国家相关法规，正确制定谈判策略，必要时可以聘请法律专业人士与技术专业人士就合同细节进行探讨，听取专业人士的建议，将单位风险降到最低。

XZ学院应当加强合同纠纷管理，在履行合同过程中发生纠纷的，应当依据国家相关法律法规，在规定时效内与对方当事人协商并按规定权限和程序及时报告，避免或减少因纠纷给单位带来的损失，保障单位的合法权益。

XZ学院应合理运用信息技术，定期对合同进行统计、分类和归档，详细登记合同的订立、履行和变更、终结等情况，合同的权利义务终止后要及时对合同办理销号手续并进行归档；另外要明确合同流转、借阅和归还的职责权限和审批程序等相关要求，将具体责任落实到人，避免管理边际盲区的出现。

（三）进行流程与制度的修改完善

对XZ学院的内部控制风险进行评估以后，针对内控建设目前存在的问题，按照《行政事业单位内部控制规范（试行）》（财会〔2012〕21号）的要求，将其业务层面的制度与流程进行修改完善。

1. 预算业务

根据《行政事业单位内部控制规范（试行）》（财会〔2012〕21号）规定：

"第二十一条 单位应当根据内设部门的职责和分工，对按照法定程序批复的预算在单位内部进行指标分解、审批下达，规范内部预算追加调整程序，发挥预算预算对经济活动的管控作用。"

XZ学院在预算批复阶段存在内部预算指标分解批复不合理、批复流程简单、预算追加与调整控制不严格等问题。针对这些问题，XZ学院制定预算批复阶段流程图，如图7-4所示，合理界定预算批复的基础，统筹考虑自有资金与结余资金，提高了资金的使用效率。

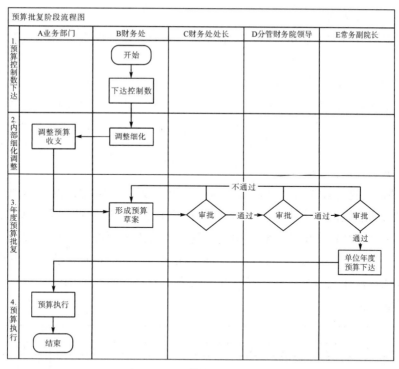

图 7-4　预算批复阶段流程

另外，XZ 学院制定预算追加调整的相关制度和审批程序，预算追加调整流程如图 7-5 所示。

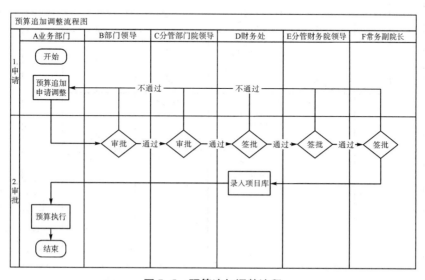

图 7-5　预算追加调整流程

2. 收支业务

根据《行政事业单位内部控制规范（试行）》（财会〔2012〕21号）规定：

"第三十条 单位应当按照支出业务的类型，明确内部审批、审核、支付、核算和归档等支出各关键岗位的职责权限，实行国库集中支付的，应当严格按照财政国库管理制度有关规定执行。（一）加强支出审批控制。明确支出的内部审批权限、程序、责任和相关控制措施。审批人应当在授权范围内审批，不得越权审批。"

XZ学院所有的资金支出最终都要由常务副院长审批，没有体现出分级授权的思想，严格的层级审批影响了工作效率。针对此问题，XZ学院根据预算内经费支出的金额与用途，制定预算内公用经费支出流程图，如图7-6所示。在流程中，设置了不同金额实行不同的审批流程，一方面可以保证日常开支的及时性，提高办事效率，另一方面也能确保大额资金支出的安全性。

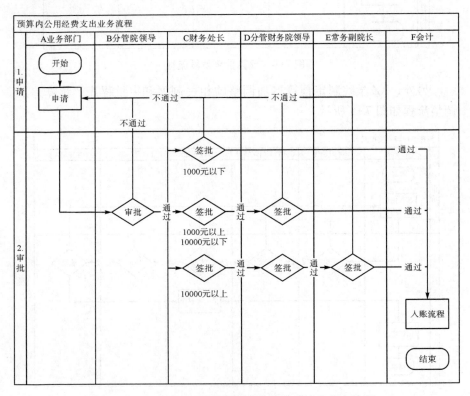

图7-6　河北省XZ学院预算内公用经费支出业务流程

3. 政府采购业务

根据《行政事业单位内部控制规范（试行）》（财会〔2012〕21号）规定：

"第三十六条 单位应当加强对政府采购项目验收的管理，根据规定的验收制度和政府采购文件，由指定部门或专人对所购物品的品种、规格、数量、质量和其他相关内容进行验收，并出具验收证明。"

XZ学院在验收环节只有使用部门一方对所购物资进行验收，监督力度较弱，针对此问题，XZ学院在零星采购业务流程、大宗物资采购业务流程中明确规定，验收环节须由业务部门、纪检部门及财务处三方联合验收，这样可以防止出现采购部门联合供应商牟取私利的情况，将贪污腐败风险发生的可能性降到最低。

4. 资产管理

根据《行政事业单位内部控制规范（试行）》（财会〔2012〕21号）规定：

"第四十四条 单位应当加强对实物资产和无形资产的管理，明确相关部门的职责权限，强化对配置，使用和处置等关键环节的管控。"

XZ学院没有对固定资产、无形资产等进行定期盘点，在资产处置环节没有建立规范的资产处置流程和制度，资产处置随意性大，业务部门处置资产不及时，没有提供完整的资料，也没有履行规范的手续，财务处对业务部门提供的资料也没有进行严格的审查，资产处置过程与结果没有形成书面记录，资产账实不符情况严重。针对此问题，XZ学院建立了固定资产卡片和固定资产台账，要求学院的各个资产使用部门对其使用、占有的资产进行定期盘点，盘点工作至少每年进行一次，并且对使用中的固定资产合理计提折旧，以保证账、卡、实相符。另外XZ学院还制定资产处置流程图，如图7-7所示，资产处置须经后勤处出具处置意见，对于资产价值小于6 000元的，由财务处进行审核，对于资产价值大于6 000元的，须由分管院领导、副院长及财政厅逐级审批。

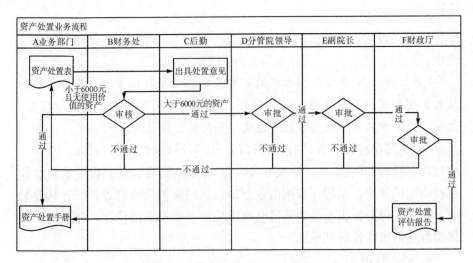

图 7-7 河北省 XZ 学院资产处置流程

5. 建设项目

根据《行政事业单位内部控制规范（试行）》（财会〔2012〕21 号）规定：

"第五十三条 建设项目竣工后，单位应当按照规定的时限及时办理竣工决算，组织竣工决算审计，并根据批复的竣工决算和有关规定办理建设项目档案和资产移交等工作。"

XZ 学院的建设项目存在竣工后未办理竣工手续以及已经投入使用的建设项目还没有转入固定资产的问题，XZ 学院的建设项目在竣工验收时没有实行三方验收程序，也没有实行项目竣工决算审计。针对以上问题，XZ 学院在建设项目制度中作出明确规定：项目完工后及时办理竣工决算审计；未实施竣工决算审计的工程项目，不得办理竣工验收手续，不得办理资产交接手续；建设项目验收完毕，单位应当及时按照档案管理的规定进行文件资料的收集与整理，将工程项目档案按时归档。

6. 合同管理

根据《行政事业单位内部控制规范（试行）》（财会〔2012〕21 号）第六节有关合同管理控制的规定，行政事业单位应当建立健全合同内部管理制度，对合同的订立、履行及归口管理都应当建立明确的制度。

XZ 学院在内部控制建设以前，没有建立合同纠纷处理机制，针对此问题，XZ 学院在合同管理制度中明确了合同纠纷的处理流程，如果在合同履行过程中出现纠纷，应先协商解决，若协商双方可以达成统一的意见，则双方订立书面协议，纠纷解决；若协商双方不能达成统一的意见，则应当在法定的诉讼时效期间内向人民法院提起诉讼或根据合同约定向仲裁机构申请仲裁。对需要进行法律诉讼或仲裁程序解决的合同纠纷，归口部门应书面向分管部门院领导汇报，经分管部门院领导同意后，由院（党）办公室召集业务部门、财务处、承办单位，以及法律顾问、经济顾问组成处理小组，该小组需要负责合同纠纷的协商、调解、仲裁以及诉讼活动，根据具体的合同纠纷研究具体的解决方案，相关部门应及时将有关材料归档备查。另外，XZ 学院在内控建设前缺少合同管理流程，针对此问题，制定合理管理流程图，如图 7-8 所示，明确了合同从订立、履行到归档的相应流程。

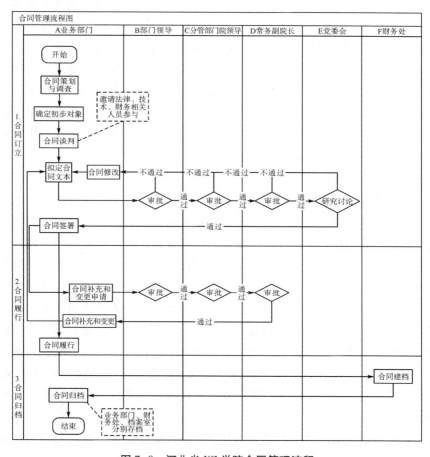

图 7-8　河北省 XZ 学院合同管理流程

（四）建立评价与监督机制

为促进 XZ 学院内部控制的有效运行，在完成 XZ 学院的内部控制基础性评价、内部控制风险评估、制度与流程的再造工作后，建立评价与监督机制，促使内控制度与流程对学院的经济活动产生积极作用，保证内控建设的有效性。

为保证监督的客观公正，内部监督应当与内部控制的建立和实施保持相对独立。XZ 学院特成立内部监督小组，分管财务的院领导为小组组长，财务处处长和内审人员、机关党委专职纪检书记为小组成员。内部监督小组组织实施对内部控制体系的建立和执行情况及有效性的监督检查和自我评价，并提出改进意见或建议。内部审计人员应当定期或不定期检查学院内部制度的执行情况，内部控制关键岗位及人员的设置情况等，及时发现内部控制存在的问题并提出改进建议；纪检监察人员应当定期或不定期检查学院各业务部门内部控制执行情况及领导干部廉洁自律情况，及时发现违规违纪、贪污腐败等行为，并采取措施进行治理；各部门负责人、普通员工负责本部门内部控制有效性的日常监督，也可根据实际情况自行组织开展专项监督活动，并积极配合内外部审计、纪检监察等部门的监督检查工作，对于发现的内部控制缺陷和问题，应当积极改进；各分管院领导是所管辖业务活动内部控制有效性的负责人，对所辖业务活动内部控制实施的有效性负责；常务副院长是学院内部控制有效性的最终负责人，对学院内部控制建立、实施及监督检查的整体情况负责。

为了持续完善内部控制自我监督机制，推动 XZ 学院对内部控制的运作情况进行全面评价，由内控评价办公室对内部控制的有效性展开全面评价，得出评价结论，并发布评价报告。内部控制评价办公室按照学院领导的授权，承担内部控制评价的具体组织实施工作，通过复核、汇总、分析内部监督资料，制订出一套合理的评价工作方案，并认真地组织实施。在评价过程中，如果发现了重大问题，应该立即与负责人及学院各级工作人员进行沟通，并认定内部控制缺陷，制订出相应的整改方案，编写内部控制评价报告，及时向负责人汇报，以评价和整改情况为依据，制订内部控制考核方案；学院各个部门的普通员工应该根据日常所掌握的业务情况，提出内部控制评价方案中的关键控制点和应该重点关注的业务或事项，在内部控制评价过程中，对发现的问题和报告的不足之处，要根据具体整改意见，积极地采取有效的措施，对其进行整改；学院常务副院长与院长对内部控制评价的结果负有最终责任。

第四节　河北省 XZ 学院内部控制建设成果

一、河北省 XZ 学院内部控制建设成果概述

河北省 XZ 学院内控建设成果最终以内控手册的形式展示，本次内控建设活动立足于《行政事业单位内部控制规范（试行）》（财会〔2012〕21 号），从单位和业务两个层面对该单位的业务流程和管理制度进行梳理、修改与补充，构建了完善的内部控制管理体系，规范了经济业务活动，降低了经济风险，显著提高了该单位的履职效率，对促进公共部门职责的有效履行、保证国家财政资金高效利用也具有重大意义。除此以外，XZ 学院的内部控制建设过程也能为其他行政事业单位提供了思路与借鉴。

二、河北省 XZ 学院内部控制建设效果评价

河北省 XZ 学院内控体系建设完成并经过一年的运行后，XZ 学院的内部控制管理水平得到了一定的提高，再次对 XZ 学院内部控制情况进行打分，此次评价结果如表 7-2 所示（评分结果详情见附录 4 中建设后得分情况）。

表 7-2　河北省 XZ 学院内部控制建设后基础性评价结果分析

项目	项目总分	建设后评价得分	得分率/%
单位层面	60	47	78.33
业务层面	40	38	95.00
合计	100	85	85.00

从河北省财政厅 2017 年上半年汇总的行政事业单位内控建设成果的结果可以发现，河北省大部分行政事业单位在进行内部控制建设后，基础性评价得分从 60 分上升到 80 分，XZ 学院内控建设完成并运行一年后内控基础性评价得分为 85 分。其中，单位层面得分为 47 分，得分率为 78.33%；业务层面得分为 38 分，得分率为 95%。由此看来，XZ 学院内控建设后基础性评价得分在省内行政事业单位中处于中上水平，经过内控体系的建设，XZ 学院明确了岗位职责，规范了业务流程，健全了制度，并且在运

行中取得了良好效果，应当继续保持。

虽然此次评分结果为 85 分，相比内控建设前有了很明显的提升，但也对失分的指标进行具体分析。在单位层面，XZ 学院在风险评估工作的开展、不相容岗位相互分离和内部控制管理信息系统功能覆盖情况等方面仍须完善；在业务层面，XZ 学院的资产管理与合同管理方面还存在一些细节的问题，在今后的运行过程中，应当结合单位实际情况与国家对行政事业单位内控规范的新要求逐步改善。

参考文献

［1］刘永泽，唐大鹏. 关于行政事业单位内部控制的几个问题［J］. 会计研究，2013，303（1）：57-62，96.

［2］曲静. 财务风险管理背景下行政事业单位内控制度建设［J］. 纳税，2021，15（33）：93-94.

［3］赵扬. 基层行政事业单位内部控制评价指标体系优化［D］. 重庆：重庆工商大学，2022.

［4］刘永泽，张亮. 我国政府部门内部控制框架体系的构建研究［J］. 会计研究，2012，291（1）：10-19.

［5］唐大鹏，任少波. 财政监督导向下财政管理内部控制体系构建［J］. 财政监督，2016，369（3）：11-14.

［6］刘光忠. 关于推进我国政府会计改革的若干建议［J］. 会计研究，2010，278（12）：11-16.

［7］许新霞，何开刚. 内部控制要素的缺失与完善：基于内部控制和风险管理整合的视角［J］. 会计研究，2021（11）：149-159.

［8］徐双. 行政事业单位内部控制体系建设思考［J］. 行政事业资产与财务，2020（9）：77-78.

［9］陈焕娣，段姝. 大学治理视域下的高校内部管理控制体系构建研究［J］. 江苏高教，2021（8）：72-75.

［10］关振宇. 行政事业单位实施内部控制规范的现实意义与应用解析［J］. 社会科学家，2014，201（1）：46-49.

［11］卢雪梅. 行政事业单位内部控制建设难点和解决对策［J］. 财经界，2020（4）：200-201.

［12］凌华，李佳林，潘俊. 政府会计与行政事业单位内部控制的协同

机理研究：以行政事业单位资产管理为例［J］.财会通讯，2021（1）：163-167.

［13］彭湘萍."双高"建设背景下高职院校财务管理优化研究［J］.财会学习，2022（28）：46-48.

［14］王康美.政府会计制度下行政事业单位内部控制存在的问题及对策［J］.财会学习，2023（11）：164-166.

［15］唐晓玉.我国行政事业单位内部控制制度研究［D］.北京：财政部财政科学研究所，2013.

［16］白华，胡礼燕.超越COSO：中国内部控制规范体系探索［J］.会计与经济研究，2020，34（6）：11-31.

［17］赵庆国，郭唱.农业上市公司股权激励强度对内部控制质量影响的实证分析［J］.农业经济，2023（5）：135-136.

［18］任丽梅.关于加强县级行政事业单位内部控制评价监督机制的思考［J］.经济师，2023（2）：81-82.

［19］张秀.行政事业单位内部控制建设及财务风险防范策略［J］.财会研究，2020（4）：65-67.

［20］吴爱琴，吴丽.行政事业单位内部控制探讨［J］.中国人口·资源与环境，2016，26（S1）：534-535.

［21］王蕾.浅谈行政事业单位内部控制的问题及对策［J］.财务与会计，2014（7）：63.

［22］尹晓琴.行政事业单位内部控制存在的问题与对策［J］.会计师，2018（12）：52-53.

［23］赵天一，谢小丽，唐大鹏，等.行政事业单位内部控制存在的问题及完善建议［J］.财务与会计，2022，665（17）：71-72.

［24］华敏.事业单位财务内部控制研究［J］.山西农经，2019（19）：167-168.

［25］李英，刘国强.再论行政事业单位内部控制建设若干基本问题［J］.财务与会计，2015（8）：40-41.

［26］唐大鹏，于洪鉴.基于风险导向的行政事业单位内部控制研究［J］.管理现代化，2013（6）：66-68.

［27］蔡琼.刍议事业单位内部控制建设及风险管理［J］.中国注册会计师，2023（6）：96-97.

［28］李加兵，赵斌，潘正海. 基于财务风险管理的行政事业单位内部控制制度研究 ［J］. 财会通讯，2012（5）：103-105.

［29］雷增弟. 行政事业单位债务管理内部控制风险评估方法研究 ［J］. 财务与会计，2015（15）：64-66.

［30］丁玉珍，贾永昌. 内部控制视角下行政事业单位廉政风险防控建设途径浅探 ［J］. 财务与会计，2021（14）：86.

附录

附录 1：2022 年度行政事业单位内部控制报告
附录 2：行政事业单位内部控制基础性评价指标评分表
附录 3：行政事业单位内部控制基础性评价报告（参考格式）
附录 4：河北省 XZ 学院内部控制基础性评价指标评分表

附录 1:

2022 年度行政事业单位
内部控制报告

（单位公章）

单 位 名 称：＿＿＿＿＿＿＿＿＿＿＿

单 位 负 责 人：＿＿＿＿＿（签章）＿＿＿＿

分管内控负责人：＿＿＿＿＿（签章）＿＿＿＿

牵头部门负责人：＿＿＿＿＿（签章）＿＿＿＿

填 表 人：＿＿＿＿＿（签章）＿＿＿＿

填 表 部 门：＿＿＿＿＿＿＿＿＿＿＿

电 话 号 码：＿＿＿＿＿＿＿＿＿＿＿

单 位 地 址：＿＿＿＿＿＿＿＿＿＿＿

邮 政 编 码：＿＿＿＿＿＿＿＿＿＿＿

报 送 日 期：＿＿＿＿＿ 年 月 日

财政部

2023 年 制

填报须知

1. 2022 年度行政事业单位内部控制报告分为正文和附表两个部分。

2. 各单位根据《行政事业单位内部控制规范（试行）》，在本报告中如实填写本单位经济活动所涉及的预算、收支、政府采购、资产、建设项目、合同等业务的内部控制建设情况，不包括人事、党建等领域的内部控制情况。

3. 各单位应在 2022 年度行政事业单位内部控制报告系统中填报相关内容，系统自动生成 "2022 年度行政事业单位内部控制报告"。

4. 单位名称填列单位的全称，各级主管部门填报本级报告时，应在单位名称后加 "（本级）"。

5. 报告中的年、月、日一律用公历和阿拉伯数字表示。

6. 电话号码处填写填表人的联系电话号码。

7. 报送日期填写单位负责人审批通过内部控制报告的时间。

8. 填写前请认真阅读填报须知和附表内每一事项表格下方的填写说明。

9. 本报告应当按照规定进行脱敏脱密处理，严禁报送涉密信息，敏感信息通过光盘报送。

为贯彻落实《财政部关于全面推进行政事业单位内部控制建设的指导意见》（财会〔2015〕24 号）的有关精神，依据《行政事业单位内部控制规范（试行）》（财会〔2012〕21 号）和《行政事业单位内部控制报告管理制度（试行）》（财会〔2017〕1 号）的有关规定，现将本单位 2022 年度内部控制工作情况报告如下：

一、单位内部控制工作的基本情况

（一）内部控制机构设置与运行情况。
（二）内部控制工作的组织实施情况。
（三）内部控制制度建设与执行情况。
（四）内部控制评价与监督情况。

二、单位存在的内部控制问题及其整改情况

（一）2022 年度单位内部控制评价发现问题及其整改情况。

（二）2022 年度单位巡视、纪检监察、审计等工作发现的与内部控制相关问题及其整改情况。

三、单位内部控制报告审核情况

（一）报告材料的规范性。

报告材料是否完整，数据填列是否齐全并符合填报要求，报送手续是否齐全。

（二）上下年数据变动合理性。

上下年度数据衔接是否一致，变动是否合理，差异过大应当说明。

（三）业务数据的准确性。

有关业务数据与决算报表、国有资产报表等同口径数据是否保持一致。

（四）数值型指标的合理性。

数值型指标是否存在不合理的异常值。

四、单位内部控制工作的经验做法和取得的成效

（一）单位在推动内部控制工作中总结出的有关经验做法。

（二）单位建立与实施内部控制后取得的有关成效。

1. 在提升单位内部控制意识及管理水平方面的成效。

2. 在预算业务、收支业务、政府采购业务、资产管理、建设项目管理及合同管理六大经济业务领域方面的成效。

3. 在内部控制评价监督方面的成效。

4. 内部控制报告的应用领域和成效。

五、有关意见建议

本单位对行政事业单位内部控制工作的意见建议。

附表

一、单位基本情况

组织机构代码	□□□□□□□□□	基本性质	□□
预算级次	□	预算管理级次	□□
支出功能分类		年末在职人数	
所在地区	□□□□□□	隶属关系	□□□□□□-□□□
财政预算代码	□□□□□□□□□□□□□□□□□□		

说明：组织机构代码根据各级技术监督部门核发的机关、团体、事业单位代码证书规定的9位码填列。单位如已取得统一社会信用代码，需按统一社会信用代码第9-17位信息填列。

单位预算级次填列部门和单位按照预算管理权限和经费领拨关系所确定的预算级次，与部门决算封面上预算级次一致。非预算单位此项填报"无"。

预算管理级次按单位预算分级管理的级次选择填列。非预算单位填报"90.非预算单位"。

支出功能分类填列部门决算《支出决算表》（财决04表）中涉及金额最多的支出功能分类科目。

年末在职人数填列在政府编制管理部门核定的编制内、由单位人事部门管理的实有年末在职人数，与部门决算《基本数字表》（财决附02表）第4栏合计数一致，即"年末实有人数"中"人员总计"的"在职人员"合计数。

所在地区以6位代码表示，根据国家标准《中华人民共和国行政区划代码》（GB/T 2260-2007）填列。

隶属关系以9位代码表示，前6位中央单位均填零，地方单位填行政区划代码。后3位为部门标识码，根据国家标准《中央党政机关、人民团体及其他机构名称代码》（GB/T 4657-2009）填列。

单位财政预算代码即预算管理一体化系统中的单位代码，中央一级预算单位按财政部编制的三位代码填列，二级预算单位为六位代码，前三位填列其一级预算单位编码，后三位由一级预算单位从001-799依次自行编制，三级及以下预算单位以此类推。地方单位的财政预算代码应与部门预算代码一致。非预算单位此项不需填报。

二、单位层面内部控制情况

（一）内部控制机构组成情况

单位是否成立内部控制领导小组	是□ 否□	单位是否成立 内部控制工作小组	是□ 否□
单位内部控制领导小组负责人为	单位主要负责人□分管财务领导□其他分管领导□ 姓名：_____职务：_____		
内部控制建设牵头部门设在	行政管理部门□　财务部门□　内审部门□ 纪检监察部门□　其他部门□　未设置□		
内部控制评价与监督部门设在	行政管理部门□　财务部门□　内审部门□ 纪检监察部门□　其他部门□　未设置□		

说明：需上传成立内部控制相关机构的制度文件作为佐证材料。

（二）内部控制机构运行情况

2022 年度单位召开内部控制领导小组会议 次数____	2022 年度单位开展内部控制相关培训 次数____	
2022 年度单位层面 内部控制风险评估 覆盖情况	组织架构：□　运行机制：□　关键岗位：□ 制度体系：□　信息系统：□　未评估：□	
2022 年度单位是否 开展内部控制评价	是□ 否□	2022 年度单位内 部控制评价结果应用 领域	作为完善内部管理制度的依据□ 作为绩效管理的依据□ 作为监督问责的参考依据□ 作为领导干部选拔任用的参考□ 其他领域□ 未应用□

说明：内部控制领导小组会议包括内部控制专题会议或与内部控制工作相关的会议。需上传内部控制领导小组会议纪要作为佐证材料。

内部控制相关培训包括内部控制专题培训或将内部控制作为议题之一的相关培训。需上传内部控制培训通知或纪要等作为佐证材料。

2022 年度单位层面内部控制风险评估覆盖情况根据 2022 年度单位组织开展或委托第三方开展单位层面风险评估工作以及出具的风险评估报告或其他文件，逐项勾选已进行内部控制风险评估的方面。需上传风险评估报告等材料作为佐证材料。

内部控制评价是指单位自行或者委托第三方对单位内部控制体系建立与实施情况评价并出具评价报告。需上传内部控制评价报告作为佐证材料。

（三）规范权力运行情况

单位是否建立健全分事行权、分岗设权、分级授权机制	是□ 否□
单位是否建立关键岗位干部交流或定期轮岗机制，并明确 不具备条件轮岗的实行专项审计。	是□ 否□
单位是否针对"三重一大"事项建立集体议事决策机制	是□ 否□

说明：分事行权是指对单位经济活动和业务活动的决策、执行、监督，应当明确分工、相互分离、分别授权；分岗设权是指对涉及经济活动、业务活动的相关岗位，应当依职定岗、分岗定权、权责明确；分级授权是指对单位各管理层级和相关岗位，应当明确授权范围、授权对象、授权期限、授权与行权责任、一般授权与特殊授权界限。

单位应当按照有关规定对关键岗位人员实行轮岗交流，明确轮岗范围、轮岗周期与轮岗方式，不具备轮岗条件的可以采用专项审计等替代措施。需上传定期轮岗（或专项审计）相关制度。

"三重一大"是指重大事项决策、重要干部任免、重要项目安排、大额度资金的使用。

（四）内部控制相关问题整改情况

2022 年度单位内部控制评价 发现问题整改情况	问题总数：____已完成整改问题数量：____ 正在进行整改问题数量：____未整改问题数量：____
2022 年度单位巡视发现与 内部控制相关问题整改情况	问题总数：____已完成整改问题数量：____ 正在进行整改问题数量：____未整改问题数量：____
2022 年度单位纪检监察发现 与内部控制相关问题整改情况	问题总数：____已完成整改问题数量：____ 正在进行整改问题数量：____未整改问题数量：____
2022 年度单位审计发现与 内部控制相关问题整改情况	问题总数：____已完成整改问题数量：____ 正在进行整改问题数量：____未整改问题数量：____

说明：2022 年度单位内部控制评价发现问题整改情况根据内部控制评价报告以及整改文件及成果等内容填写。

2022 年度单位巡视发现与内部控制相关问题整改情况根据各类巡视报告及巡视整改工作报告等内容填写，仅填列与内部控制相关的问题。

2022 年度单位纪检监察发现与内部控制相关问题整改情况根据单位纪检监察报告及整改工作报告等内容填写，仅填列与内部控制相关的问题。

2022 年度单位审计发现与内部控制相关问题整改情况根据各类审计报告及整改工作报告等内容填写，仅填列与内部控制相关的问题。

（五）政府会计改革

单位是否执行政府会计准则制度	是□ 否□	2022 年度单位是否按照政府会计准则制度要求开展预算会计核算和财务会计核算	是□ 否□
2022 年度单位是否对固定资产和无形资产计提折旧或摊销	是□ 否□	2022 年度编制政府部门财务报告时，部门及所属单位之间发生的经济业务或事项是否在抵销前进行确认	是□ 否□ 不适用□
单位是否将基本建设投资、公共基础设施、保障性住房、政府储备物资、国有文物文化资产等纳入统一账簿进行会计核算	基本建设投资：是□ 否□ 不适用□ 公共基础设施：是□ 否□ 不适用□ 保障性住房：是□ 否□ 不适用□ 政府储备物资：是□ 否□ 不适用□ 国有文物文化资产：是□ 否□ 不适用□		
单位是否开展财务报告数据的分析与应用	是□ 否□		

说明：单位应当按照国家统一的会计准则制度进行账务处理，编制会计报表，并建立健全会计核算过程和财务报告编制环节的内部控制制度。

2022 年度单位是否按照政府会计准则制度要求开展预算会计核算和财务会计核算根据单位年度预算会计核算和财务会计核算情况勾选。

编制 2022 年度政府部门财务报告时，部门及所属单位之间发生的经济业务或事项是否在抵销前进行确认，根据 2022 年度政府部门财务报告编制过程中的内部抵销情况勾选。若单位不存在内部抵销事项，则勾选"不适用"。

单位是否将基本建设投资、公共基础设施、保障性住房、政府储备物资、国有文物文化资产等纳入统一账簿进行会计核算，根据单位基本建设投资、公共基础设施、保障性住房、政府储备物资、国有文物文化资产核算实际情况勾选。若单位不存在相关业务，则勾选"不适用"。

三、业务层面内部控制情况

（一）内部控制适用的六大经济业务领域

预算业务	适用□ 不适用□	收支业务	适用□ 不适用□
政府采购业务	适用□ 不适用□	资产管理	适用□ 不适用□
建设项目管理	适用□ 不适用□	合同管理	适用□ 不适用□
内部控制适用的其他业务领域			

说明：如单位适用某项经济业务，但 2022 年度该业务实际未发生，也应勾选"适用"。对于不适用的业务领域，应在佐证材料中加以说明或提供支撑材料，如加盖单位公章的说明材料等。

政府采购是指各级国家机关、事业单位和团体组织，使用财政性资金采购依法制定的集中采购目录以内的或者采购限额标准以上的货物、工程和服务的行为。单位使用财政性资金采购的集中采购目录以外和采购限额标准以下的货物、工程和服务，即自行采购业务可比照政府采购业务控制程序执行。

建设项目是指单位自行或委托其他单位进行的建造、安装活动。建造活动主要是指各种建筑的新建、改建、扩建及修缮活动，安装主要是指设备的安装工程。

若内部控制建设覆盖六大业务领域以外的其他业务，可填写具体业务名称。

（二）职责分离情况

预算业务	收支业务	政府采购业务	资产管理	建设项目管理	合同管理
是否制定岗位职责说明书 是□ 否□	是否制定岗位职责说明书 是□ 否□	是否制定岗位职责说明书 是□ 否□	是否制定岗位职责说明书 是□ 否□	是否制定岗位职责说明书 是□ 否□	是否制定岗位职责说明书 是□ 否□
预算编制与审核分离 是□ 否□	收款与会计核算分离 是□ 否□	采购需求提出与审核分离 是□ 否□	货币资金保管、稽核与账目登记分离 是□ 否□	项目立项申请与审核分离 是□ 否□	合同拟订与审核分离 是□ 否□
预算审批与执行分离 是□ 否□	支出申请与审批分离 是□ 否□	采购方式确定与审核分离 是□ 否□	资产财务账与实物账分离 是□ 否□	概预算编制与审核分离 是□ 否□	合同订立与合同章管理分离 是□ 否□
预算执行与分析分离 是□ 否□	支出审批与付款分离 是□ 否□	采购执行与验收分离 是□ 否□	资产保管与清查分离 是□ 否□	项目实施与价款支付分离 是□ 否□	合同订立与登记台账分离 是□ 否□
决算编制与审核分离 是□ 否□	业务经办与会计核算分离 是□ 否□	采购验收与登记分离 是□ 否□	对外投资立项申报与审核分离 是□ 否□	竣工决算与审计分离 是□ 否□	合同执行与监督分离 是□ 否□

说明：职责分离是指对于各业务环节中的不相容职责，不得由同一人员承担。需上传岗位职责说明书等作为佐证材料。使用网络版填报的单位，若以前年度已经上传过相应佐证材料，则无需再次上传；若以前年度未上传或第一年使用网络版填报，则需上传相应佐证材料。使用单机版填报的单位，需上传相应佐证材料。

（三）关键岗位轮岗情况

预算业务	轮岗周期内所有关键岗位已轮岗或开展专项审计□ 轮岗周期内部分关键岗位已轮岗或开展专项审计□ 轮岗周期内所有关键岗位未进行轮岗且未开展专项审计□
收支业务	轮岗周期内所有关键岗位已轮岗或开展专项审计□ 轮岗周期内部分关键岗位已轮岗或开展专项审计□ 轮岗周期内所有关键岗位未进行轮岗且未开展专项审计□
政府采购业务	轮岗周期内所有关键岗位已轮岗或开展专项审计□ 轮岗周期内部分关键岗位已轮岗或开展专项审计□ 轮岗周期内所有关键岗位未进行轮岗且未开展专项审计□
资产管理	轮岗周期内所有关键岗位已轮岗或开展专项审计□ 轮岗周期内部分关键岗位已轮岗或开展专项审计□ 轮岗周期内所有关键岗位未进行轮岗且未开展专项审计□

建设项目管理	轮岗周期内所有关键岗位已轮岗或开展专项审计□ 轮岗周期内部分关键岗位已轮岗或开展专项审计□ 轮岗周期内所有关键岗位未进行轮岗且未开展专项审计□
合同管理	轮岗周期内所有关键岗位已轮岗或开展专项审计□ 轮岗周期内部分关键岗位已轮岗或开展专项审计□ 轮岗周期内所有关键岗位未进行轮岗且未开展专项审计□

说明：单位应当按照有关规定对关键岗位人员实行轮岗交流，明确轮岗范围、轮岗周期与轮岗方式，不具备轮岗条件的可以采用专项审计等替代措施。需上传定期轮岗（或专项审计）轮岗记录、专项审计报告等文件作为佐证材料。

（四）2022年度业务层面风险评估覆盖情况

预算业务是否开展风险评估	是□否□	收支业务是否开展风险评估	是□否□
政府采购业务是否开展风险评估	是□否□	资产管理是否开展风险评估	是□否□
建设项目管理是否开展风险评估	是□否□	合同管理是否开展风险评估	是□否□

说明：业务层面内部控制风险评估覆盖情况根据2022年度单位组织开展业务层面风险评估工作以及出具的风险评估报告或其他文件，逐项勾选已进行内部控制风险评估的方面。需上传风险评估报告等材料作为佐证材料。

（五）建立健全内部控制制度情况

业务类型	环节（类别）	是否已建立制度和流程图	2022年度是否更新	内控制度覆盖关键管控点情况
预算业务	预算编制与审核	建立制度： 是□否□ 建立流程图： 是□否□	更新制度： 是□否□ 更新流程图： 是□否□	单位预算项目库入库标准与动态管理□ 单位预算编制主体、程序及标准□ 单位预算分解及下达□ 预决算公开□ 未覆盖以上所有管控点□
	预算执行与调整	建立制度： 是□否□ 建立流程图： 是□否□		单位预算执行分析次数、内容及结果应用□ 单位预算调整主体、程序及标准□ 未覆盖以上所有管控点□
	决算管理	建立制度： 是□否□ 建立流程图： 是□否□		单位决算编制主体、程序及标准□ 单位决算分析报告内容与应用机制□ 未覆盖以上所有管控点□

业务类型	环节（类别）	是否已建立制度和流程图	2022年度是否更新	内控制度覆盖关键管控点情况
	绩效管理	建立制度： 是□否□ 建立流程图： 是□否□		单位新增重大预算项目事前评估程序□ 单位整体绩效目标设定与审核□ 单位项目绩效目标设定与审核□ 单位项目绩效运行监控□ 单位整体绩效评价主体、程序及结果应用□ 单位项目绩效评价主体、程序及结果应用□ 未覆盖以上所有管控点□
收支业务	收入管理	建立制度： 是□否□ 建立流程图： 是□否□	更新制度： 是□否□ 更新流程图： 是□否□	单位财政收入种类与收缴管理□ 单位非财政收入种类与收缴管理□ 未覆盖以上所有管控点□
	票据管理	建立制度： 是□否□ 建立流程图： 是□否□		单位财政票据申领、使用保管及核销□ 单位发票申领、使用保管及核销□ 未覆盖以上所有管控点□
	支出管理	建立制度： 是□否□ 建立流程图： 是□否□		单位支出范围与标准□ 单位各类支出审批权限□ 未覆盖以上所有管控点□
	公务卡管理	建立制度： 是□否□ 建立流程图： 是□否□		单位公务卡结算范围及报销程序□ 单位公务卡办卡及销卡管理□ 未覆盖以上所有管控点□
政府采购业务	采购需求管理	建立制度： 是□否□ 建立流程图： 是□否□	更新制度： 是□否□ 更新流程图： 是□否□	采购需求的内容、合规性、合理性□ 采购需求调查的主体、范围、内容、形式、存档□ 采购实施计划（包括采购项目预算、采购组织形式、采购方式等）的内容、存档□ 采购需求审查的范围、内容、成员、存档□ 未覆盖以上所有管控点□

业务 类型	环节 （类别）	是否已建立制 度和流程图	2022 年度 是否更新	内控制度覆盖关键管控点情况
	变更 采购 方式	建立制度： 是□否□ 建立流程图： 是□否□	更新制度： 是□ 否□ 更新流程 图： 是□ 否□	申请变更采购方式的主体、程序□ 未覆盖以上所有管控点□
	采购 进口 产品	建立制度： 是□否□ 建立流程图： 是□否□		申请采购进口产品的主体、程序□ 未覆盖以上所有管控点□
	履约 验收	建立制度： 是□否□ 建立流程图： 是□否□		履约验收的主体、时间、方式、程序、 内容、验收标准等□ 未覆盖以上所有管控点□
	信息 公开	建立制度： 是□否□ 建立流程图： 是□否□		信息公开的主体、范围、时间、内容、 程序□ 未覆盖以上所有管控点□
资产 管理	货币 资金 管理	建立制度： 是□否□ 建立流程图： 是□否□	更新制度： 是□ 否□ 更新流程 图： 是□ 否□	单位银行账户类型，开立、变更、撤销 程序及年检□ 单位财务印章、银行密钥管理□ 未覆盖以上所有管控点□
	固定 资产 管理	建立制度： 是□否□ 建立流程图： 是□否□		单位固定资产类别与配置标准□ 单位固定资产清查范围及程序□ 单位资产处置标准与审批权限□ 未覆盖以上所有管控点□
	无形 资产 管理	建立制度： 是□否□ 建立流程图： 是□否□		单位无形资产类别、登记确认、价值评 估及处置□ 未覆盖以上所有管控点□
	对外 投资 管理	建立制度： 是□否□ 建立流程图： 是□否□		单位关于《政府投资条例》的具体管理 办法□ 单位对外投资范围、立项及审批权限和 程序□ 单位对外投资价值评估与收益管理□ 未覆盖以上所有管控点□

业务类型	环节（类别）	是否已建立制度和流程图	2022 年度是否更新	内控制度覆盖关键管控点情况
建设项目管理	项目立项、设计与概预算	建立制度： 是□否□ 建立流程图： 是□否□	更新制度： 是□ 否□ 更新流程图： 是□ 否□	单位项目投资评审、立项依据与审批程序□ 未覆盖以上所有管控点□
	项目采购管理	建立制度： 是□否□ 建立流程图： 是□否□		单位项目采购范围、方式及程序□ 未覆盖以上所有管控点□
	项目施工、变更与资金支付	建立制度： 是□否□ 建立流程图： 是□否□		单位项目分包控制□ 单位项目变更审批权限及程序□ 未覆盖以上所有管控点□
	项目验收管理与绩效评价	建立制度： 是□否□ 建立流程图： 是□否□		单位项目验收主体、内容及程序□ 单位项目绩效评价形式与内容□ 未覆盖以上所有管控点□
合同管理	合同拟订与审批	建立制度： 是□否□ 建立流程图： 是□否□	更新制度： 是□ 否□ 更新流程图： 是□ 否□	单位合同审核主体、内容及程序□ 单位法务或外聘法律顾问介入条件与环节□ 单位合同章种类、使用权限及使用范围□ 未覆盖以上所有管控点□
	合同履行与监督	建立制度： 是□否□ 建立流程图： 是□否□		单位合同台账设置及管理要求□ 单位合同执行监督机制□ 单位合同变更、转让或解除机制□ 未覆盖以上所有管控点□
	合同档案与纠纷管理	建立制度： 是□否□ 建立流程图： 是□否□		单位合同执行归档制度□ 单位合同纠纷处理程序□ 未覆盖以上所有管控点□

业务类型	环节（类别）	是否已建立制度和流程图	2022年度是否更新	内控制度覆盖关键管控点情况
其他业务领域		建立制度： 是□否□ 建立流程图： 是□否□	更新制度： 是□否□ 更新流程图： 是□否□	

说明：是否已建立制度和流程图根据单位内部控制制度和流程图建立情况勾选。截至2022年底单位已经建立对应业务环节（类别）的制度或流程图，勾选"是"；若单位尚未建立对应业务环节（类别）的制度或流程图，勾选"否"。

2022年度是否更新根据单位2022年度内部控制制度和流程图更新情况勾选。若单位在以前年度已经建立对应业务的制度或流程图且2022年度进行过更新，或者单位2022年度首次建立对应制度或流程图，勾选"是"，否则勾选"否"。

使用网络版填报的单位，若以前年度已经上传过相应业务的内部控制制度和流程图，则只需上传进行过更新或首次建立的制度或流程图作为佐证材料；若以前年度未上传过相应业务的内部控制制度和流程图，或第一年使用网络版填报，则需上传相应业务的内部控制制度和流程图作为佐证材料。使用单机版填报的单位，需上传相应业务的内部控制制度和流程图作为佐证材料。

（六）内部控制制度执行情况

事前绩效评估执行情况	2022年度新增重大项目数量：____ 2022年度已开展事前绩效评估的新增重大项目数量：____
项目支出绩效目标管理情况	2022年度项目总数：____ 2022年度已开展绩效目标管理的项目数量：____
预算绩效运行监控执行情况	2022年度项目总数：____ 2022年度已开展预算绩效运行监控的项目数量：____
预算绩效自评执行情况	2022年度项目总数：____ 2022年度已开展预算绩效自评的项目数量：____
非税收入管控情况	2022年度应上缴非税收入金额：____ 2022年度实际上缴非税收入金额：____
支出预决算对比情况	2022年度支出预算金额：____ 2022年度实际支出总额：____
"三公"经费支出上下年对比情况	2021年度"三公"经费决算数：____ 2022年度"三公"经费决算数：____
政府采购预算完成情况	2022年度计划采购金额：____ 2022年度实际采购金额：____

资产账实相符程度	2022 年度资产清查或盘点前账面金额：____ 2022 年度资产清查或盘点后实际金额：____
固定资产处置规范程度	2022 年度固定资产减少额：____ 2022 年度固定资产处置审批金额：____
项目投资计划完成情况	2022 年度投资计划总额：____ 2022 年度实际投资总额：____
合同订立规范情况	2022 年度合同订立数：____ 2022 年度经合法性审查的合同数：____

说明：根据单位内部控制管理制度、业务表单与文件、信息系统数据等材料填写。所填数据中，金额类指标以"元"为单位。

1. 事前绩效评估执行情况中的"2022 年度新增重大项目数量"是指 2022 年度单位新设立的非常态化、非延续性的重大项目数量，重大项目衡量标准由各单位根据实际情况界定；"2022 年度已开展事前绩效评估的新增重大项目数量"是指单位组织或由主管部门统一组织的针对 2022 年度新设立的重大项目开展事前绩效评估的项目数量。预算项目是指非基本支出的二级预算项目。

2. 项目支出绩效目标管理情况中的"2022 年度项目总数"是指经批复的 2022 年度单位正在执行的项目数量；"2022 年度已开展绩效目标管理的项目数量"是指单位 2022 年度执行绩效目标管理的项目数量。

3. 预算绩效运行监控执行情况中的"2022 年度已开展预算绩效运行监控的项目数量"是指单位针对 2022 年度执行项目开展绩效运行监控的项目数量。

4. 预算绩效自评执行情况中的"2022 年度已开展预算绩效自评的项目数量"是指单位针对 2022 年度执行项目开展绩效自评的项目数量（包括委托第三方开展绩效评价的项目）。

以上 1-4 需上传单位正在执行的预算项目清单作为佐证材料，清单中需至少包括以下信息：项目名称、项目代码、是否为 2022 年度新增重大项目、是否已开展事前绩效评估、是否已开展绩效目标管理、是否已开展预算绩效运行监控、是否已开展预算绩效自评。

5. 非税收入管控情况中的"2022 年度应上缴非税收入金额"是指纳入预算管理以及纳入财政专户管理的非税收入合计数；"2022 年度实际上缴非税收入金额"是指决算报表的《非税收入征缴情况表》（财决附 04 表）中纳入预算管理的已缴国库小计数及纳入财政专户管理的已缴财政专户小计数之和，即表第 1 栏次第 1 行合计数（单位：元）。

6. 支出预决算对比情况中的"2022 年度支出预算金额"是指 2022 年度决算报表的《收入支出决算总表》（财决 01 表）中 2022 年度支出的全年预算数，即表第 8 栏次第 84 行合计数（单位：元）；"2022 年度实际支出总额"是指 2022 年度决算报表的《收入支出决算总表》（财决 01 表）中 2022 年度支出的决算数，即表第 9 栏次第 84 行合计数（单位：元）。

7. "三公"经费支出上下年对比情况中的"2021 年度'三公'经费决算数"是指 2021 年决算报表的《机构运行信息表》（财决附 03 表）中"三公"经费支出的支出合计数，即表第 2 栏次第 2 行统计数（单位：元）；"2022 年度'三公'经费决算数"是指 2022 年度决算报表的《机构运行信息表》（财决附 03 表）中"三公"经费支出的支出合计数，即表第 3 栏次第 2 行统计数（单位：元）。

8. 政府采购预算完成情况中的"2022 年度计划采购金额"是指 2022 年度单位预算批复中的政府采购预算金额和采购预算调整金额的合计数（单位：元）；"2022 年度实际采购金额"是指实际完成的政府采购金额，即部门决算报表中相关政府采购数据，根据决算报表《机构运行信息表》（财决附 03 表）第 4 栏次第 42 行"政府采购支出合计"的统计数（单位：元）填列。

9. 资产账实相符程度中的"年度资产清查或盘点前账面金额"是指单位在进行资产清查或固定资产盘点前确认的账面金额（单位：元）；"年度资产清查或盘点后实际金额"是指单位在进行资产清查或固定资产盘点后的实际金额（单位：元）。需上传当年度单位资产清查或固定资产盘点前账面金额记录，资产清查报告或固定资产盘点表作为佐证材料。如单位 2022 年度未开展资产清查或盘点，可不填写（即选择否）。

10. 固定资产处置规范程度中的"2022 年度固定资产减少额"是指单位国有资产报表中《资产处置情况表》（财资 10 表）中本期减少的固定资产账面原值，即表第 6 栏次第 1 行固定资产原值小计数（单位：元）；"2022 年度固定资产处置审批金额"是指严格按照单位国有资产业务管理制度中规定的资产处置审批权限及程序，实际审批的固定资产处置金额（单位：元）（本指标考核范围不包含固定资产出租出借涉及的金额）。该指标建议参考资产登记表、资产处置审批单、单位国有资产报表中的资产处置情况表等资料填写。需上传审核后的资产处置审批单（审批单数量大于 5 份的单位，抽取 5 份；审批单数量小于或等于 5 份的单位，全部上传）作为佐证材料。

11. 项目投资计划完成情况中的"2022 年度投资计划总额"是指以预算年度为统计口径的基本建设类项目计划投资金额（单位：元），包括发展改革委安排的基建项目、同级财政安排的基建项目、其他主管部门安排的基建项目。该指标建议参考投资计划表、项目概预算表等资料填写；"2022 年度实际投资额"是指 2022 年度决算报表中基本建设类项目支出决算金额，根据决算报表《项目收入支出决算表》（财决 06 表）"基建项目属性"为"发展改革委安排的基建项目"、"同级财政安排的基建项目"、"其他主管部门安排的基建项目"的支出数合计（单位：元）填列。需上传投资计划表或项目概预算表（项目数量大于 5 个的单位，抽取 5 份；项目数量小于或等于 5 个的单位，全部上传）作为佐证材料。

12. 合同订立规范情况中的"2022 年度合同订立数"是指单位 2022 年度签订的全部合同个数；"2022 年度经合法性审查的合同数"是指在已签订的合同中，严格执行审核审批程序的合同，其中具有重大影响的合同需有法务人员参与审批并签字。该指标建议参考合同文本、合同台账等资料填写。需上传审核后的合同申请审批单（合同数量大于 5 个的单位，抽取 5 份；合同数量小于或等于 5 个的单位，全部上传）作为佐证材料。

四、内部控制信息化情况

单位内部控制信息化覆盖情况	预算业务☐　收支业务☐　政府采购业务☐ 资产管理☐　建设项目管理☐ 合同管理☐　其他☐　未覆盖☐
单位内部控制信息化模块联通情况	内部控制信息化实现互联互通模块
是否联通政府会计核算模块	是☐　否☐

说明：内部控制信息化建设是指运用信息手段将内部控制关键点嵌入业务系统中。财政部门统一建设的预算管理一体化系统、行政事业单位内部控制报告填报系统、与业务无关的内部控制工作辅助软件等，不纳入"单位内部控制信息化覆盖情况"填报范围。单位内部控制信息化模块联通是指不同业务的系统模块之间的数据信息能够同步更新与实时共享。

需上传内部控制信息系统设计文档及系统截图作为佐证材料。使用网络版系统填报的单位，若以前年度已经上传过相应佐证材料，则无需再次上传；若以前年度未上传或第一年使用网络版系统填报，则需上传相应佐证材料。使用单机版软件填报的单位，需上传相应佐证材料。

附录 2:

行政事业单位内部控制基础性评价指标评分表

类别	评价指标	评价要点（分值）	评价得分
单位层面（60分）	1. 内部控制建设启动情况（本指标14分）	1.1 成立内部控制领导小组，制定、启动相关的工作机制（4分）	
		1.2 开展内部控制专题培训（3分）	
		1.3 开展内部控制风险评估（3分）	
		1.4 开展组织及业务流程再造（4分）	
	2. 单位主要负责人承担内部控制建立与实施责任情况（本指标6分）	2.1 单位主要负责人主持召开会议讨论内部控制建立与实施相关的议题（2分）	
		2.2 单位主要负责人主持制定内部控制工作方案，健全工作机制（2分）	
		2.3 单位主要负责人主持开展内部控制工作分工及人员配备等工作（2分）	
	3. 对权力运行的制约情况（本指标8分）	3.1 权力运行机制的构建（4分）	
		3.2 对权力运行的监督（4分）	
	4. 内部控制制度完备情况（本指标16分）	4.1 建立预算管理制度（2分）	
		4.2 建立收入管理制度（2分）	
		4.3 建立支出管理制度（2分）	
		4.4 建立政府采购管理制度（2分）	
		4.5 建立资产管理制度（2分）	
		4.6 建立建设项目管理制度（2分）	
		4.7 建立合同管理制度（2分）	
		4.8 建立决策机制制度（2分）	
	5. 不相容岗位与职责分离控制情况（本指标6分）	5.1 对不相容岗位与职责进行了有效设计（3分）	
		5.2 不相容岗位与职责得到有效的分离和实施（3分）	
	6. 内部控制管理信息系统功能覆盖情况（本指标10分）	6.1 建立内部控制管理信息系统，功能覆盖主要业务控制及流程（6分）	
		6.2 系统设置不相容岗位账户并体现其职权（4分）	

类别	评价指标	评价要点（分值）	评价得分
业务 层面 （40分）	7. 预算业务管理控制情况（本指标7分）	7.1 对预算进行内部分解并审批下达（3分）	
		7.2 预算执行差异率（4分）	
	8. 收支业务管理控制情况（本指标6分）	8.1 收入实行归口管理和票据控制，做到应收尽收（2分）	
		8.2 支出事项实行归口管理和分类控制（2分）	
		8.3 举债事项实行集体决策，定期对账（2分）	
	9. 政府采购业务管理控制情况（本指标7分）	9.1 政府采购合规（4分）	
		9.2 落实政府采购政策（2分）	
		9.3 政府采购方式变更和采购进口产品报批（1分）	
	10. 资产管理控制情况（本指标6分）	10.1 对资产定期核查盘点、跟踪管理（4分）	
		10.2 严格按照法定程序和权限配置、使用和处置资产（2分）	
	11. 建设项目管理控制情况（本指标8分）	11.1 履行建设项目内容变更审批程序（2分）	
		11.2 及时编制竣工决算和交付使用资产（2分）	
		11.3 建设项目超概算率（4分）	
	12. 合同管理控制情况（本指标6分）	12.1 加强合同订立及归口管理（3分）	
		12.2 加强对合同履行的控制（3分）	
合计 （100分）		评价总分	

附录3:

行政事业单位内部控制基础性评价报告
(参考格式)

_____内部控制基础性评价报告

为贯彻落实《财政部关于全面推进行政事业单位内部控制建设的指导意见》的有关精神,按照《财政部关于开展行政事业单位内部控制基础性评价工作的通知》要求,依据《行政事业单位内部控制规范(试行)》的有关规定,我们对本单位(部门)的内部控制基础情况进行了评价。

一、内部控制基础性评价结果

根据《行政事业单位内部控制基础性评价指标评分表》中列明的评价指标和评价要点,本单位(部门)单位层面内部控制基础性评价得分为___分,业务层面内部控制基础性评价得分为____分,共计____分。因存在不适用指标,换算后的得分为____分。

本部门在部门本级及所属单位各评价指标得分的基础上,计算各评价指标的平均分,加总得出以上综合性评价得分。本部门纳入本次内部控制基础性评价工作范围的单位共计____家。(本段仅适用于各中央部门)

本单位(部门)各指标具体得分情况如下表:

类别	评价指标	评价得分
单位层面(60分)	1. 内部控制建设启动情况(14分)	
	2. 单位主要负责人承担内部控制建立与实施责任情况(6分)	
	3. 对权力运行的制约情况(8分)	
	4. 内部控制制度完备情况(16分)	
	5. 不相容岗位与职责分离控制情况(6分)	
	6. 内部控制管理信息系统功能覆盖情况(10分)	

类别	评价指标	评价得分
业务 层面 （40分）	7. 预算业务管理控制情况（7分）	
	8. 收支业务管理控制情况（6分）	
	9. 政府采购业务管理控制情况（7分）	
	10. 资产管理控制情况（6分）	
	11. 建设项目管理控制情况（8分）	
	12. 合同管理控制情况（6分）	
（100分）	评价总分	

在本单位（部门）内部控制基础性评价过程中，存在扣分情况的指标汇总如下：

〔逐项列示存在扣分情况的评价指标、评价要点、扣分分值及扣分原因〕

二、特别说明项

（一）特别说明情况

本单位（部门/部门所属单位）内部控制出现问题，导致单位在经济活动中〔发生重大经济损失/引起社会重大反响/出现经济犯罪〕，特将相关情况说明如下：

〔具体描述发生的相关事件、影响及处理结果〕

〔如本单位（部门）未发生相关事件，填写"未发生相关情况"〕

（二）补充评价指标及其评价结果

本单位（部门/部门所属单位）根据自身评价需求，自愿将〔填写补充评价指标名称〕等补充评价指标纳入本次内部控制基础性评价范围。现将补充评价指标及评价结果说明如下：

〔具体描述各个补充评价指标的所属类别、名称、评价要点及评价结果等内容〕

三、内部控制基础性评价下一步工作

基于以上评价结果，本单位（部门）将〔描述与存在扣分情况的评价指标及评价要点相关的管理领域〕等管理领域作为 2016 年内部控制建立与实施的重点工作和改进方向，并采取以下措施进一步提高内部控制水平和效果：

〔逐项描述拟采取的进一步建立健全内部控制体系的工作内容、具体措施、工作责任人、牵头部门、预计完成时间等〕

单位主要负责人：〔签名〕

〔单位签章〕

××单位

2016 年××月××日

附录 4：

河北省 XZ 学院内部控制基础性评价指标评分表

类别	评价指标	评价要点（分值）	建设前得分	建设后得分
单位层面（60分）	1. 内部控制建设启动情况（本指标14分）	1.1 成立内部控制领导小组，制定、启动相关的工作机制（4分）	2	4
		1.2 开展内部控制专题培训（3分）	0	3
		1.3 开展内部控制风险评估（3分）	0	1
		1.4 开展组织及业务流程再造（4分）	1	4
	2. 单位主要负责人承担内部控制建立与实施责任情况（本指标6分）	2.1 单位主要负责人主持召开会议讨论内部控制建立与实施相关的议题（2分）	1	2
		2.2 单位主要负责人主持制定内部控制工作方案，健全工作机制（2分）	1	2
		2.3 单位主要负责人主持开展内部控制工作分工及人员配备等工作（2分）	1	2
	3. 对权力运行的制约情况（本指标8分）	3.1 权力运行机制的构建（4分）	2	4
		3.2 对权力运行的监督（4分）	1	4
	4. 内部控制制度完备情况（本指标16分）	4.1 建立预算管理制度（2分）	1	2
		4.2 建立收入管理制度（2分）	1	2
		4.3 建立支出管理制度（2分）	1	2
		4.4 建立政府采购管理制度（2分）	1	2
		4.5 建立资产管理制度（2分）	1	2
		4.6 建立建设项目管理制度（2分）	0	2
		4.7 建立合同管理制度（2分）	0	2
		4.8 建立决策机制制度（2分）	1	2
	5. 不相容岗位与职责分离控制情况（本指标6分）	5.1 对不相容岗位与职责进行了有效设计（3分）	1	3
		5.2 不相容岗位与职责得到有效的分离和实施（3分）	1	2
	6. 内部控制管理信息系统功能覆盖情况（本指标10分）	6.1 建立内部控制管理信息系统，功能覆盖主要业务控制及流程（6分）	0	0
		6.2 系统设置不相容岗位账户并体现其职权（4分）	0	0

类别	评价指标	评价要点（分值）	建设前得分	建设后得分
业务层面（40分）	7. 预算业务管理控制情况（本指标7分）	7.1 对预算进行内部分解并审批下达（3分）	2	3
		7.2 预算执行差异率（4分）	0	4
	8. 收支业务管理控制情况（本指标6分）	8.1 收入实行归口管理和票据控制，做到应收尽收（2分）	1	2
		8.2 支出事项实行归口管理和分类控制（2分）	1	2
		8.3 举债事项实行集体决策，定期对账（2分）	2	2
	9. 政府采购业务管理控制情况（本指标7分）	9.1 政府采购合规（4分）	1	4
		9.2 落实政府采购政策（2分）	1	2
		9.3 政府采购方式变更和采购进口产品报批（1分）	1	1
	10. 资产管理控制情况（本指标6分）	10.1 对资产定期核查盘点、跟踪管理（4分）	2	3
		10.2 严格按照法定程序和权限配置、使用和处置资产（2分）	1	2
	11. 建设项目管理控制情况（本指标8分）	11.1 履行建设项目内容变更审批程序（2分）	1	2
		11.2 及时编制竣工决算和交付使用资产（2分）	1	2
		11.3 建设项目超概算率（4分）	0	4
	12. 合同管理控制情况（本指标6分）	12.1 加强合同订立及归口管理（3分）	1	3
		12.2 加强对合同履行的控制（3分）	0	2
合计（100分）		评价总分	32	85